Bestell-Nr.: RKW 5031

Überarbeitete Neuausgabe 2022

© 2017 Kawohl Verlag, 46485 Wesel
Alle Rechte vorbehalten

Titelfoto: Getty Images / Scott Heaney
Illustrationen: Getty Images / borsvelka • kameshkova • oasis 15

Gestaltung und Zusammenstellung: RKW
Lektorat: Inge Frantzen & Kawohl Verlag / J. Dörr
Korrektorat: Monika Paff

Druck und Bindung:
Drukarnia Dimograf, Bielsko-Biała, Polen
ISBN: 978-3-86338-031-1

www.kawohl.de

DORIS SCHULTE
365 Augenblicke mit Gott

Impulse für jeden Tag

kawohl

Vorwort

Es gibt ein interessantes Phänomen, das bei vielen von uns zu beobachten ist: Wenn wir die Schule beendet, eine Ausbildung gemacht und eine Arbeitsstelle gefunden haben oder wenn wir geheiratet und Kinder bekommen haben oder auch wenn wir ein Zuhause eingerichtet und Wurzeln geschlagen haben, dann machen wir uns erneut Gedanken über unser Leben und darüber, wie es nach diesen Phasen weitergehen kann und wird.

In solchen Zeiten fühlen wir uns oft verloren und fangen erneut an, über uns, das Leben und manchmal auch über Gott nachzudenken. Uns bewegen Fragen wie zum Beispiel: Wo ist mein Platz, und was ist meine Aufgabe auf dieser Erde? Wie wichtig ist mein Leben? Was ist der wahre Sinn meines Lebens? Einerseits ist unsere Berufung, als Single oder Familienmensch zu leben, sehr erfüllend, doch andererseits sind die Tage mancher Lebensphasen gezählt. Die Tage des Studiums haben ein Ende, auch die Tage des Elternseins sind gezählt, denn irgendwann ziehen die Kinder aus. Einen Schlusspunkt gibt es auch für die Tage unseres Berufslebens – durch eine Arbeitslosigkeit, Berufsunfähigkeit oder die Pensionierung.

Lebensphasen – ob spannend und schön oder nicht so vielversprechend – kommen und gehen. Da kommt unweigerlich die Frage auf: Was bleibt? Haben wir eine Bestimmung, die über unsere momentanen Rollen und Aufgaben hinausreicht? Was kommt danach?

„Gibt es eine das ganze Leben umfassende Bestimmung?" Die tiefe Überzeugung, dass die Antwort darauf ein Ja ist, hat vielen Menschen Mut gemacht, offen zu sein für mehr im Leben – egal in welcher Lebensphase sie sich befinden. So geht es auch mir persönlich.

Nachdem ich als Arzthelferin in einer Krebsklinik gearbeitet, geheiratet und das erste Kind bekommen hatte, nachdem mein Mann und ich unser erstes Haus gebaut und Wurzeln geschlagen hatten, machte ich mir Gedanken über den wahren Sinn des Lebens und wie es in meinem Leben weitergehen könne. In dieser Phase fühlte ich mich wie verloren – und das war ein Gefühl, das ich nicht erwartet hatte, nachdem es mir gelungen war, mir ein anständiges Leben aufzubauen.

Dann aber kam etwas ganz Neues und Entscheidendes in mein Leben. Es begann mit dem Anruf einer Nachbarin, die mich zu ihrem Gesprächskreis über Gott und die Welt einlud. Sie selbst war eine engagierte Christin, zu deren Kirche auch ich gehörte. Und nicht nur das. Ich besuchte dort auch jeden Gottesdienst, jedes Treffen für junge Paare und jeden Mutter-Kind-Kreis. Ich sang sogar im Kirchenchor mit und pflegte auch privat Kontakt mit den Menschen dieser Kirche. Doch dass ich jetzt auch noch an einem wöchentlichen Gesprächskreis über Gott und die Bibel teilnehmen sollte, das erschien mir überflüssig.

Ich versprach mir nicht viel davon, mehr Wissen über Gott und die Bibel zu bekommen, und das, obwohl ich christlich erzogen worden war und nie daran gezweifelt hatte, dass es Gott gibt. Trotzdem dachte ich, dass solche Treffen verlorene Zeit seien, dass sie nur etwas für wenige auserwählte und von

Gott berufene Menschen seien. Während des Telefonats mit dieser Nachbarin fielen mir in Bruchteilen von Sekunden unzählig viele Dinge ein, die ich viel lieber tun würde, als an jedem Dienstagmorgen mit irgendwelchen Leuten über Gott und die Bibel zu sprechen. Und trotzdem konnte ich diese Einladung nicht ausschlagen.

Also sagte ich zu, frei nach dem Motto: Schaden kann es ja nicht. Und so richtig glücklich und zufrieden bin ich sowieso nicht mit dem Leben, das ich mir aufgebaut habe. Wohlgemerkt, obwohl ich äußerlich alles hatte, was ein Mensch braucht, um glücklich zu sein. Außerdem wollte meine Freundin mit mir zusammen diesen Gesprächskreis besuchen.

Schon nach dem ersten Treffen war ich zutiefst berührt. Ich spürte, dass viele Teilnehmer eine ganz andere Beziehung zu Gott hatten als ich – eine Beziehung, die einer guten, vertrauten Freundschaft glich. Das faszinierte mich: Sie wussten wer sie sind, warum sie leben und wohin ihr Leben führt. Sie hatten eine Ausstrahlung, eine innere Ruhe und ein gesundes Selbstbewusstsein, das ich so nicht kannte. Ihr Glaube war lebendig. Sie ließen Gott durch die Bibel in ihr Leben hineinreden, waren offen für Überraschungen in ihrem Leben und machten auch überraschende Erfahrungen mit Gott.

Ich fuhr sehr nachdenklich und voller Erwartung nach Hause und fasste den Entschluss: Wenn diese Leute mit Gott und der Bibel etwas anfangen können, dann sollte ich das auch können. Von diesem Tag an begann ich, regelmäßig in meiner Bibel zu lesen. Und das blieb nicht ohne Folgen. Was ich las, berührte mein Herz und belebte meine Seele, wie sonst nichts und niemand es bislang getan hatten oder jemals tun könnten. Mein Durst nach mehr Wissen und mein Vertrauen auf Gott nahmen zu. Ich wusste schon nach wenigen Tagen, dass ich genau das gefunden hatte – oder besser gesagt, den gefunden hatte, den ich dringend in meinem Leben brauchte, um wahres Lebensglück zu finden. Plötzlich tappte ich nicht mehr im Dunkeln bei meiner Suche nach Sinn und Erfüllung. Ich hatte endlich jemanden an der Hand, mit dem ich in die richtige Richtung unterwegs war, und war gespannt auf das Leben, das nun vor mir lag. Seither haben Gott und die Wahrheiten der Bibel meinem Leben Halt und Gestalt gegeben – mehr als ich es mir jemals hätte vorstellen können.

Alles, was Gott für uns Menschen – für Sie und für mich – sein möchte, steht in der Bibel. Es liegt an uns, sie zu öffnen und darin zu lesen. Regelmäßiges Bibellesen kommt dem Besuch einer Lebensschule gleich. Es rüstet uns aus für alle unsere Aufgaben und Rollen. Bibellesen heißt: mit jemandem im Gespräch sein, der uns liebt, führt und verändert, der uns hilft, uns vergibt, tröstet und segnet. Bibellesen heißt: Gott kennenlernen. Und Gott zu kennen und ihm zu vertrauen, bedeutet wirklich zu leben, auch über den Tod hinaus.

Vielleicht haben Sie schon öfter mal den Versuch gestartet, in der Bibel zu lesen, um Gott besser kennenzulernen, aber Sie konnten bislang nicht so viel mit dem anfangen, was Sie da gelesen haben. Geben Sie nicht auf! Verpassen Sie nicht das Entscheidende in Ihrem Leben: eine persönliche Beziehung zu Gott durch Jesus Christus. Dafür sind wir Menschen letztendlich geschaffen worden. Das ist unsere erste und höchste Bestimmung. Alles andere kommt und geht, Gott aber bleibt. Er ist der rote Faden in unserem Leben.

Es ist mein Wunsch, dass dieses Buch mit kurzen Impulsen zu verschiedenen Texten in der Bibel bei Ihnen Begeisterung für Gott weckt oder diese vertieft. Ganz wichtig: Lesen Sie zuerst die ausgewählten Bibeltexte in Ihrer eigenen Bibel – am besten in einer Bibel in heutigem Deutsch. Solche Bibeln können Sie überall in christlichen Buchläden oder Versandbuchhandlungen erwerben. Übrigens kommen einige Bibelstellen mehrfach vor, weil sie ganz verschiedene Aspekte beeinhalten. Halten Sie beim Lesen Ihre Gedanken zu folgenden Fragen schriftlich fest:

- Was kann ich aus diesem Text über Gott lernen?
- Worum geht es hier im Detail?
- Was ist mir neu?
- Wie berührt dieses Wissen mein Leben?

Danach lesen Sie meinen Text und vergleichen ihn mit Ihren eigenen Überlegungen. Fassen Sie zum Schluss in eigenen Worten alles zu einem Schlüsselsatz zusammen. Diese Gedanken werden oft zu Gebetsanliegen und begleiten Sie wie ein Echo durch den Alltag. Lesen Sie Ihre Schlüsselsätze in den darauffolgenden Tagen immer wieder in dem Vertrauen, dass sie Ihr Leben prägen und verändern. Letztendlich sind es Gottes Wahrheiten, die Ihre Gedanken, Gefühle und Reaktionen am allermeisten prägen und verändern werden. Wahrheiten, die Sie letztendlich zu der Person machen, die Gott gewollt hat – zu einem Menschen, der weiß, warum er hier und heute lebt und in alle Ewigkeit.

Ihre Doris Schulte

 Lukas 14,28-30   *1. Januar*

„Gute Vorsätze" sind – wie das Wort schon sagt – gut! Meist entspringen sie einer Einsicht oder einer Notwendigkeit. Aber leider kann manche Verwirklichung unserer Vorsätze gar nicht – oder nur ansatzweise – gelingen, weil wir uns zu viel vorgenommen und Dinge falsch eingeschätzt haben. Wie gut, dass wir nicht alleine sind mit unseren guten Vorsätzen und unseren Bemühungen, Gottes Forderungen an uns gerecht zu werden. Jesus ist bei uns – auch im neuen Jahr. Bei ihm ist Vergebung für jedes Scheitern möglich. Er gibt uns immer wieder Mut zum Neuanfang und auch immer wieder unerwartetes Glück und Gelingen.

Meine Gedanken dazu:

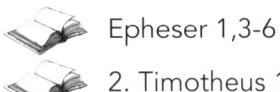

Epheser 1,3-6
2. Timotheus 1,9

2. Januar

Die meisten unserer Vorsätze haben etwas gemeinsam: Sie scheitern! Bei Gott ist es anders. Seine Vorsätze wurden vor Grundlegung der Welt gefasst. Sie müssen nicht jährlich neu formuliert werden. Bereits im Vorfeld hat er festgelegt, wie er uns durch das Erlösungswerk von Jesus zum ewigen Heil führen wird. Aufgrund seines Vorsatzes und Jesu Werk sind wir Segensempfänger: Wir sind erwählt, heilig zu sein. Wir empfangen Vergebung der Sünden, sind als Erben Gottes eingesetzt und mit dem Heiligen Geist versiegelt. Dieser Entschluss Gottes ist sein Geschenk an uns! Weil Gott die feste Absicht hat, Menschen zu retten, können wir freimütig von diesem Geschenk Gottes in Jesus erzählen.

Meine Gedanken dazu:

 Psalm 1   *3. Januar*

Wenn wir zulassen, dass banale Dinge es immer wieder schaffen, uns die Begegnung mit Gott in der Stille zu nehmen, wird unser Innerstes verkümmern. Wir werden taub gegenüber unseren Sehnsüchten, Ängsten und Sünden – und auch gegenüber der Anziehungskraft Gottes. Je länger dieser Zustand besteht, umso größer wird unsere Taubheit gegenüber dem Reden Gottes. Wenn wir uns aber mit Gott beschäftigen und lernen, sein Wort allen anderen Worten vorzuziehen, wird unsere Seele im Auf und Ab des Lebens durch Ordnung, Vergebung und neue Kraft tiefe Wurzeln schlagen. Nichts kann uns dann die Freude an Gott rauben.

Meine Gedanken dazu:

Johannes 8,31-45

4. Januar

Die Bibel ist unfehlbar und fehlerlos. Sie sagt uns, wie wir gerettet werden können, dass wir gewollt und wertvoll sind, wie wir Vergebung erlangen und wie wir uns von Gott gebrauchen lassen können. Es gibt nichts – auch keine Gesetze oder bestimmte Überzeugungen –, was unser Herz und unser Leben so verändern kann, wie Gottes Wort es vermag. Sogar für die größten Probleme dieser Erde hat die Bibel Antworten. Auch wenn es uns manchmal schwerfällt und es unbequem für uns ist, Gott zu gehorchen, lohnt es sich, in der Bibel zu lesen. Sie macht wirklich frei und bringt Veränderung.

Meine Gedanken dazu:

 Johannes 14,1-11   **5. Januar**

Wenn wir Menschen wirklich kennenlernen wollen, gelingt uns dies nur durch eine Begegnung oder das Zusammenleben mit ihnen und nicht, wenn wir aus der Ferne Vermutungen über sie anstellen. Genauso ist es auch, wenn wir Gott kennenlernen wollen. In dem Moment, wo wir uns ihm öffnen, macht er sich uns bekannt. Er redet zu uns, handelt an uns und führt uns durch seinen Geist. Je mehr wir seine Liebe, sein Reden und Handeln kennenlernen, umso mehr erkennen wir, wer und wie er ist. Gott selber ist in seinem Sohn Jesus Christus Mensch geworden. Alles, was wir über Jesus in der Bibel lesen, zeigt uns, wer Gott ist.

Meine Gedanken dazu:

 Apostelgeschichte 2,1-13 **6. Januar**

Nicht nur ausgebildete Redner und Verkündiger werden von Gottes Geist erfüllt und können von Gott erzählen. Jeder – ob Mann oder Frau –, der Jesus Christus als Gottes Sohn erkannt hat und ihm vertraut, wird von Gottes Geist erfüllt und kann über Gott reden und von seinem Gegenüber verstanden werden. Das heißt, es kommt nicht auf unsere Redekunst an, sondern auf die Sprachkunst des Heiligen Geistes. Er wird unsere Bemühungen, über unseren Glauben und unsere Erfahrungen mit Gott zu reden, gelingen lassen. Weil es Gottes größter Wunsch ist, dass Menschen ihn kennenlernen, befähigt er auch heute noch seine Kinder, sein Reden zu verstehen und es mit anderen zu teilen.

Meine Gedanken dazu:

Johannes 21,1-17   **7. Januar**

Beim Glauben geht es nicht zuerst um das biblische Wissen und das Halten der Gebote Gottes, sondern um eine Beziehung zu Gott. Darum sollten wir uns die Frage stellen: Wie ist meine Beziehung zu ihm? Ist mein Verhältnis zu ihm von der Liebe bestimmt oder orientiert es sich an frommen Aktivitäten? Gott wünscht sich ein Liebesverhältnis. Dabei schließen sich das Liebesverhältnis und das Dienstverhältnis nicht aus. Wenn der Dienst aus Liebe geschieht und die Liebe immer wieder zum Dienst motiviert, dann ist das ein dynamisches Duo. Wenn das Dienstverhältnis aber mehr gepflegt wird als das Liebesverhältnis, dann werden wir immer weniger von der Gegenwart Gottes spüren und schlapp werden. Gott liebt uns innig und wartet darauf, dass er unsere Begeisterung für ihn erneuern kann.

Meine Gedanken dazu:

 Epheser 3,20-21   **8. Januar**

Gottes Macht ist in unserem Leben mehr am Werk, als wir es uns vorstellen können. Der Schlüssel zu einem Leben, das von Gottvertrauen geprägt ist, ist nicht, dass wir uns immer mehr anstrengen oder anspornen müssen, sondern dass wir uns füllen lassen mit Gottes Kraft, sodass er all das durch uns bewirken kann, was er vorgesehen hat. Unsere eigenen Bemühungen sind wichtig und nicht zu unterschätzen, aber es sind Bemühungen, die durch die unglaubliche Kraft des Heiligen Geistes angetrieben werden. Eine Kraft, die uns täglich im Alltag zur Verfügung steht. Wir dürfen Gott einfach um seine übernatürliche Kraft bitten.

Meine Gedanken dazu:

2. Könige 5,19b-27   *9. Januar*

Jeder Mensch ist einzigartig und wertvoll. Jeder ist von Gott gewollt und mit ganz bestimmten Gaben und Fähigkeiten ausgestattet. Gott freut sich, wenn wir uns so annehmen, wie er uns gemacht und ausgestattet hat, und nicht begehren, was er anderen Menschen zugeteilt hat, egal wie benachteiligt wir uns fühlen. Wir sollen keinen Neid und kein Selbstmitleid aufkeimen lassen. Wir sollen unser Leben und unsere Berufung mit allen Vor- und Nachteilen, die Gott uns zugeteilt hat, leben. Wir sollen alles tun, um Gott und unserem Auftrag treu zu bleiben. Gott wird uns ganz sicher immer wieder Chancen geben, unsere Treue ihm gegenüber zu zeigen.

Meine Gedanken dazu:

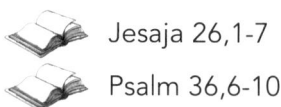

Jesaja 26,1-7
Psalm 36,6-10

10. Januar

Gottes Liebe reicht bis an den Himmel. Sie ist mehr als genug, um uns aus unserem Stress zu befreien und unsere Füße auf festen Grund zu stellen. Wenn wir von unseren begrenzten Möglichkeiten wegschauen und unseren Blick auf Gottes unbegrenzte Möglichkeiten richten – auf seine unendliche Treue, Allmacht und Weisheit –, dann macht Gott uns stark. Er schenkt uns innere Ruhe und äußere Gelassenheit. Das wird unterschiedlich geschehen: Manchmal beruhigt Gott uns, obwohl sich die Situation vorerst nicht verändert, und manchmal bringt Gott Ruhe in unsere Situation.

Meine Gedanken dazu:

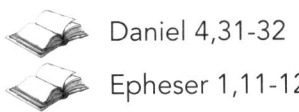 Daniel 4,31-32

Epheser 1,11-12

11. Januar

Gott ist souverän, er braucht keine Nachhilfe. Wenn wir unser Erleben mit Gott nach unseren eigenen menschlichen Vorstellungen über- oder untertreiben, dann machen wir Gott nicht größer, sondern kleiner. Wenn wir glauben, Gott könnte sich durch bestimmte Situationen schlecht darstellen, dann entpuppen wir uns als arrogante Besserwisser. Tatsache ist, dass Gott viel größer und anders ist, als wir uns vorstellen können. Er ist da, ob wir ihn fühlen oder nicht. Er ist bei uns, auch wenn wir uns allein gelassen fühlen. Er ist allmächtig, auch wenn er schweigt. Er kann sich durch die banalsten und schrecklichsten Situationen verherrlichen. Wir müssen ihn weder in Schutz nehmen noch ihm auf die Sprünge helfen.

Meine Gedanken dazu:

Sprüche 22 und 23   **12. Januar**

In den Weisheitssprüchen geht es um die kleinen Dinge des Alltags, um das Gewöhnliche und scheinbar Zufällige. Weisheit bedeutet, vom Leben zu lernen, und klug sind wir, wenn wir ein Leben lang Lernende bleiben. In Gottes Welt sind wir gut aufgehoben, auch wenn wir nicht alles um uns her verstehen und erklären können. Wir müssen nicht alles wissen, aber wir dürfen und sollten aus unseren Erfahrungen und den Erfahrungen anderer lernen. Die Sprüche zeigen uns auch, wie wir von anderen Kulturen lernen können. Wahrheiten Gottes und Lebenserfahrungen sind kein Exklusivbesitz. Jeder hat das Vorrecht, von den verschiedensten Erfahrungen aus aller Welt zu lernen, um weiser zu werden.

Meine Gedanken dazu:

Jesaja 41,1-16 **13. Januar**

Wenn wir irgendetwas im Leben ohne Minderwertigkeitsgefühle erreichen wollen und ohne die Angst zu versagen, brauchen wir Gott. In Abhängigkeit zu Gott leben heißt, dass wir uns von Gott an die Hand nehmen lassen und ihm unsere Träume und Ziele anvertrauen. Es heißt, dass wir uns Schritt für Schritt von ihm führen, helfen, stärken, schützen und befähigen lassen. Er ist es, der alles ins Rollen bringt. Er ist der Motor, der alles in Gang setzt und am Laufen hält. Er ist es, der uns hilft, unsere Ziele so zu erreichen, dass sie ihn verherrlichen und uns zum Staunen bringen.

Meine Gedanken dazu:

Offenbarung 2,9 + 3,8   **14. Januar**

Erfolg ist wundervoll – besonders, wenn der Erfolg mit unserer Person zu tun hat. Leider gibt es kein Rezept für Erfolg, er bleibt ein unverdientes Geschenk Gottes. Ein Geschenk, das wir mit Freude genießen sollen, wenn es uns gemacht wird, und gönnerhaft bewundern, wenn es anderen zuteilwird. Sollten wir nicht zu den Erfolgreichen gehören, dann heißt das nicht, dass unsere Werke weniger wert sind. In der Bibel gibt es Menschen, die viel, wenig oder kaum Erfolg hatten. Was in unseren Augen unscheinbar ist, ist in den Augen Gottes oft sehr bedeutend. Er lobt unbedeutende Dienste an unbedeutenden Menschen, er lobt Treue und Durchhaltevermögen, trotz mancher Erfolglosigkeit. Darauf kommt es bei Gott an und nicht auf das Ergebnis.

Meine Gedanken dazu:

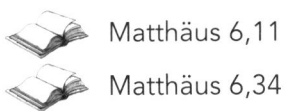 Matthäus 6,11

15. Januar

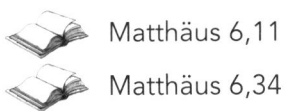 Matthäus 6,34

Die Bibel sagt nicht: „Gib uns, was wir diese Woche zum Leben brauchen", oder: „Gib uns heute unser jährliches Brot!" Gott will, dass wir uns auf heute konzentrieren, ihm vertrauen und uns keine Sorgen um Morgen machen. Alles hat seine Zeit. Das ist für uns befreiend und entlastend. Das heißt nicht, dass Vorausplanen falsch ist, aber wenn wir uns Sorgen um Morgen machen, sind wir abgelenkt von den Schritten, die Gott heute mit uns gehen will. Gott sucht täglich das Gespräch mit uns. Er liebt es, wenn wir in Abhängigkeit zu ihm leben. Das ehrt ihn und schenkt uns Weitblick, Zuversicht, Kraft und Können für das, was heute dran ist – auch für das Unerwartete.

Meine Gedanken dazu:

2. Könige 19,20-37   **16. Januar**

 1. Mose 50,20-21

Menschen, die sich gegen Gott aufblasen und ihn schmähen – obwohl sie ihn nicht kennen – und obendrein noch stolz auf ihre bösen Taten sind, sollen wissen: Gott selbst hat vor langer Zeit alles geplant und beschlossen, was auf dieser Erde geschieht. Er hat jeden fest in seiner Hand – die guten und die bösen Menschen –, und er steht denen bei, die sich zu ihm halten. Ganz gleich, was uns im Leben widerfährt, Gott kann aus Mist Dünger machen. Er kann das Böse zum Guten wenden. Das tut er bei denen, die ihm vertrauen und seine Nähe suchen. Das tröstet besonders dann, wenn wir den Eindruck haben, Gott habe die Kontrolle verloren und kümmere sich nicht mehr um uns.

Meine Gedanken dazu:

Apostelgeschichte 1,15-26 **17. Januar**

Es ist unbegreiflich und sehr enttäuschend, wenn langjährige Freunde, Wegbegleiter oder Mitarbeiter zu Verrätern werden. Noch schlimmer ist es, wenn sie sich aus irgendwelchen Gründen das Leben nehmen. Die Lücke ist spürbar (Psalm 41,10). Doch wir müssen nach vorne schauen. Es geht weiter – wenn auch ganz anders als geplant. Auch wenn Menschen in unserem Leben, mit denen wir große Pläne für die Zukunft hatten, uns enttäuschen, versagen, sich zurückziehen oder sogar sterben, heißt das nicht, dass Gottes Pläne damit durchkreuzt sind. Er kann sie auch anders fortsetzen. Seine Sache geht immer weiter. Er kommt mit uns dennoch ans Ziel. „Dennoch" ist ein hoffnungsvolles, ein vielversprechendes Wort, das wir immer im Hinterkopf behalten sollten.

Meine Gedanken dazu:

2. Samuel 11   *18. Januar*

In jedem von uns gibt es etwas, das zum Ausbruch kommt, wenn es nicht bewacht wird. Solch ein Ausbruch kann die Entlarvung einer Sünde sein. Das ist ein Desaster für die Betroffenen, aber nicht für Jesus. Er reagiert barmherzig, klug und weitsichtig. Er weiß, was die „Nichtbetroffenen" denken: Die Sünder sind immer die anderen! Deshalb fragt er, was mit uns ist, was mit Christen ist, die gerechtfertigte Dauer-Sünder sind und Vergebung stets nötig haben. Wenn wir Heiligung als Ziel haben, brauchen wir Gottes moralischen Kompass, um in Liebe, Aufrichtigkeit und Keuschheit hineinzuwachsen. Dabei schenkt uns die himmlische Wäscherei immer wieder eine saubere, weiße Weste. Das ist unsere Chance.

Meine Gedanken dazu:

Matthäus 6,19-21

2. Korinther 9,6-7

19. Januar

Fröhliches Geben ist ein göttliches Privileg. Alles, was wir haben oder geben, kommt aus Gottes Hand. Was Gott von uns verlangt, können wir geben und tun, weil er uns beschenkt. Gieriges Sammeln dagegen macht uns blind. Wir sehen nicht die Welt, sondern nur uns. Dabei ist all unser Besitz nur geliehen, er gehört Gott und darf uns nicht stolz machen. Gott möchte, dass wir Schätze im Himmel sammeln anstatt auf Erden, wo Motten und Rost sie fressen. Das ist möglich, indem wir freigebig und genügsam werden. Wir müssen uns fragen, woran unser Herz hängt. Wenn wir etwas besitzen, das wir nicht loslassen oder weggeben können, besitzen wir es nicht, sondern es besitzt uns.

Meine Gedanken dazu:

 Johannes 16,20   **20. Januar**

Gefühle spielen eine wichtige Rolle in unserem Leben. Wir können himmelhoch jauchzend oder zu Tode betrübt sein. Die gute Nachricht ist, dass es keine Rolle spielt, ob wir uns eher von der Logik leiten lassen oder mehr von unserer Intuition oder ob wir cholerisch oder melancholisch sind. Gott kann zu jeder Zeit in unsere Gefühlswelt eingreifen. Er sieht unsere Traurigkeit, er leidet mit und kümmert sich um uns. Dieses Wissen um seine Gegenwart, seinen Beistand und seine Hilfe ist ein wunderbares Gefühl. Es ist tröstlich zu wissen, dass sich all unsere Traurigkeit in Freude verwandeln kann. Unsere Gefühle werden dann positiv, wenn sie von Gottes Denkweise verzaubert werden. Daher sind Gefühle ein Geschenk Gottes. Sie können gute Lehrer sein, die uns herausfordern, unsere Werte und unsere Ziele zu überprüfen.

Meine Gedanken dazu:

5. Mose 7,9

1. Mose 28,14-16

21. Januar

Menschen, die Freundlichkeit, Bescheidenheit und Interesse ausstrahlen, beeindrucken uns. Das sind Menschen mit Herz, die bereit sind, uns und unseren Lieben zu dienen. Sie sind Gesegnete, die uns zum Segen sind. Solche Menschen spielen durch Generationen hinweg eine besondere Rolle und hinterlassen Segensspuren. Durch solche Segenslinien, die über Jahre hinweg wirksam sind, stellen wir fest, dass es schon vor uns Menschen gab, die geglaubt, gebetet und gehofft haben. Gottes Treue hält ewiglich. Er will uns segnen und zu Segensträgern machen. Er will Segenslinien in unsere Geschichte hineinbringen. Er will uns segnen, damit wir diesen Segen von Generation zu Generation weitergeben.

Meine Gedanken dazu:

Johannes 15,1-17 · **22. Januar**

Gott ist die Energiequelle, die hinter aller Veränderung, Lebenskraft und Lebensfreude steht. Er zeigt uns nicht nur den Weg zum Reifen und zum Erfolg, sondern er gibt uns auch die Motivation und die Kraft, die wir dazu brauchen. Unser Part ist zu erkennen, dass wir von Gott abhängig sind und mit ihm durch sein Wort und das Gebet eng verbunden bleiben müssen. Das ist sein Anspruch an uns. Er ist unser Heilsbringer. Er hilft uns zu wachsen und uns zu entfalten. Dafür muss er uns – seine Reben – auch ab und zu beschneiden, damit unser Ertrag gesteigert wird. Aber indem wir uns ihm anschließen, ganz nah bei ihm bleiben und uns von ihm pflegen lassen, werden wir durch seinen Einfluss stets gute Früchte hervorbringen, die bleibende Veränderungen mit sich bringen.

Meine Gedanken dazu:

 Matthäus 15,21-28　　**23. Januar**

Es gibt Geschichten in der Bibel, die nicht zu dem passen, was wir von Jesus erwarten. Auch in unserem Leben gibt es solche Momente, in denen wir Jesus nicht verstehen. Zum Beispiel, wenn wir mitansehen müssen, wie ein geliebter Mensch leidet, wir verzweifelt die Tore des Himmels bestürmen, um Hilfe zu erhalten, aber ein Nein bekommen. Dabei beten wir nicht einmal für uns selbst. Wir beten auch nicht aus Selbstsucht oder Wundersucht, sondern weil wir wissen, dass Jesus in seiner Barmherzigkeit schon viele Gebete erhört und vielen Menschen geholfen hat – also warum nicht auch uns! Also beten wir weiter. Wir bringen es einfach nicht fertig, nicht auf Jesus zu hoffen. In diesem Prozess können wir loslassen und erkennen, dass die Situation uns nicht zerstören kann. Wir können beten: Gott, tue du, was hilft und gut ist.

Meine Gedanken dazu:

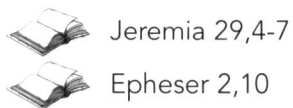 Jeremia 29,4-7 **24. Januar**
Epheser 2,10

Gott hat uns geschaffen, um Gutes zu tun. Er hat uns geschaffen, um seine Werte wie Liebe, Wahrheit und Gerechtigkeit in unserer kleinen Welt sichtbar zu machen. Er möchte, dass wir Verantwortung übernehmen und das Leben mitgestalten. Denn wenn wir uns um unsere Stadt und die Menschen um uns herum kümmern, dann geht es beiden besser, und in der Konsequenz wird es auch uns besser gehen. Aber bei allem Tun sollen wir nicht vergessen zu beten, denn alles ist an Gottes Segen gelegen. Gott tut nicht das, was wir tun können; er tut das, was wir nicht tun können.

Meine Gedanken dazu:

Apostelgeschichte 2,14-28 **25. Januar**

Lukas 11,29-32

Es gibt genügend Gründe, an Jesus zu glauben. Er hat so viele staunenswerte Wundertaten vollbracht. Aber er hat diese Wunder nie getan, um Glauben zu erzwingen. Im Gegenteil, er lehnte die Zeichenforderung seiner Gegner ab. Wir sind herausgefordert, uns an Gottes Verheißungen zu erinnern. Gott hatte einen Messias versprochen, auf den die Menschen sehnsüchtig gewartet haben. Diesen Messias hat Gott geschickt, aber die Menschen haben ihn verkannt und ließen ihn kreuzigen. Trotzdem hat Gott seinen Sohn Jesus Christus bestätigt, indem er ihn von den Toten auferstehen und viele Wundertaten vollbringen ließ. Jesus ist unser Retter. Er ist der Weg, die Wahrheit und das Leben.

Meine Gedanken dazu:

 2. Könige 23   **26. Januar**

Aufmerksam und konsequent entsprechend unseren Erkenntnissen über Gott und seinem Willen zu leben, bedeutet auch, dass manch andere Dinge keinen Platz in unserem Leben haben. Dinge, die Gottes Wirken behindern, wie zum Beispiel Totenbeschwörung, Wahrsagerei, Götzenbilder und andere Nebenautoritäten. Diese Dinge können in Form von Menschen, Ideologien oder Lebensphilosophien auftreten, aus Stein, Holz oder anderen Materialien sein. Gott möchte, dass wir ihm alleine vertrauen als unsere Quelle der Hilfe und des Segens (Jes. 8,19-20; 1. Kor. 6,7).

Meine Gedanken dazu:

 Psalm 112

Jeremia 2,2

27. Januar

Es gibt immer wieder gute Tage in unserem Leben. Zeiten, in denen Gott uns und unsere Allerliebsten reichlich beschenkt für unsere Treue ihm gegenüber. Diesen Segen Gottes können wir zum Beispiel in der Form von Freude, Zuversicht, Wohlstand, Macht, Anerkennung, Hilfe, Heilung oder Ehre erleben. Wir sollten diesen Segen Gottes nicht als selbstverständlich hinnehmen, sondern er sollte bei uns immer wieder aufs Neue eine tiefe Dankbarkeit gegenüber Gott auslösen.

Meine Gedanken dazu:

Klagelieder 5,21
2. Korinther 5,17
Jesaja 48,6b

Bei Gottes unglaublicher Gnade geht es nicht nur darum, dass Gott uns unser Versagen vergibt, sondern auch darum, dass er uns die Kraft für einen Neubeginn schenkt – so oft wir diesen brauchen. Gott verspricht uns sogar, dass er unsere Rückschläge und Rückfälle in seinen Plan für unser Leben integrieren kann. Das ist Gnade: Zuwendung, Zuneigung, Wohlwollen, Freundlichkeit, Gunst, Nachsicht, Güte, Verständnis, Großzügigkeit und Vergebung. Wenn wir dieser Gnade Gottes trauen, dann brauchen wir die Wahrheit über uns nicht zu fürchten!

Meine Gedanken dazu:

2. Petrus 1,3-11

Römer 12,1-2

Galater 5,13-24

Ein cleverer Weg, gute Ziele zu erreichen, ist, die bisherigen Erfolge als Vorlage für die Zukunft zu benutzen. Dabei ist es hilfreich, wenn wir zuerst über eine schlechte Gewohnheit nachdenken, die wir erfolgreich überwunden haben, und uns dann bewusst machen, welche Weisheiten und Lehren wir daraus gewonnen haben. Wenn wir dann auch dieselben Strategien bei unseren jetzigen Bemühungen anwenden, um ungesunde Denk- und Verhaltensmuster abzulegen, werden wir vorankommen. Die Tatsache, dass wir schon einmal eine schlechte Gewohnheit überwunden haben, macht uns Mut, dass wir es wieder tun können.

Meine Gedanken dazu:

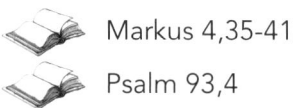 Markus 4,35-41   **30. Januar**

Psalm 93,4

Unterwegs sein mit Jesus – und mit anderen Christen – kann abenteuerlich sein, denn Christen werden von den Stürmen des Lebens nicht grundsätzlich verschont. Das Leben auf dieser Erde gibt uns immer wieder Anlass, nervös zu werden oder sogar in Panik zu geraten. Wie gut, dass wir nicht allein sind, sondern wahrgenommen, gehalten und gebraucht werden von einem Gott, der Schöpfer und Herrscher ist – auch über Naturgewalten. Wie gut, dass wir jemanden haben, der sich um uns kümmert und dessen Fürsorge immer ausreichend ist – auch wenn es um das nackte Überleben geht. Es gibt einfach kein Problem, das größer ist als Gott.

Meine Gedanken dazu:

📖 Offenbarung 2,5 + 3,19   **31. Januar**

📖 Apostelgeschichte 3,19

📖 Lukas 3,3

Buße bedeutet Sinneswandel, eine Veränderung im Denken und Tun, die in Ruhe stattfindet. Buße heißt, wir ziehen Bilanz, wir nehmen uns Zeit, uns der Wahrheit und der Realität zu stellen. Das gibt uns Gelegenheit, falsche Wege zu erkennen, die wir bisher gegangen sind. Buße bedeutet Umkehr. Wir lösen uns von der Vergangenheit. Wir lassen los und schlagen bewusst einen neuen Weg ein, den wir jetzt zielstrebig verfolgen. Buße bedeutet neue Aktivität und ist mit der Vergebung der Sünden verbunden. Wenn wir unser eigenes Verschulden erkannt haben, liegt es an uns, Gott dafür um Vergebung zu bitten. Wenn wir das tun, schenkt Gott uns Vergebung und beschenkt uns mit dem, was er für uns bereithält auf unserem neuen Weg.

Meine Gedanken dazu:

Johannes 10,10b **1. Februar**

1. Timotheus 4,7b-10

Viele Menschen wollen wissen, wie sie geistlich wachsen können, um ihren Alltag zu bewältigen. Um solche Verwandlung im Inneren zu ermöglichen, müssen wir uns auf folgende Dinge konzentrieren: Wir müssen uns auf Jesus konzentrieren und ihm immer ähnlicher werden. In ihm finden wir Definition, Form und Gestalt für unser Wachstum. Er unterweist, führt, tadelt und tröstet. Wir müssen uns auf die Bibel konzentrieren. Sie offenbart uns Gottes Wesen, seine Natur und seine Absichten mit uns. Beim Lesen müssen wir ständig bereit sein zur Umkehr. Wir müssen uns auch auf geistliche Disziplinen konzentrieren. Sie sind ein von Gott empfohlenes Mittel, durch das wir ganz natürlich in Liebe, Freude, Friede, Geduld, Freundlichkeit, Güte, Treue, Sanftmut, Keuschheit leben können (Galater 5,22-24).

Meine Gedanken dazu:

 Johannes 18,15-17 **2. Februar**

Nicht immer haben Christen den Mut, ihren Glauben zu bekennen. Auch Vorzeige-Christen sind nicht immer stark und mutig. Auch sie können kalte Füße bekommen. Menschen, die bislang immer so stark und standhaft waren wie ein Fels, können im Nu zerbrechen und zerbröseln wie Sand. Jesus lässt das zu, denn unser Wille, unsere Intelligenz und unsere Ehre muss in den Sand gesetzt werden. Jesus schützt uns nicht immer vor unseren Fehlern, damit wir nicht als Held sterben. Gott braucht keine Helden, sondern Nachfolger. Helden glauben, dass sie stark sind und die Retter sind. Nachfolger Jesu sind die, welche wissen, dass sie Gott brauchen. Unsere Hoffnung liegt nicht darin, dass wir so viel können oder so besonders sind, sondern einzig und allein in Gott, denn Gott ist mit und für uns.

Meine Gedanken dazu:

Apostelgeschichte 2,37-47   **3. Februar**

So wie Babys und Kleinkinder sehr viel Hilfe brauchen, so benötigen auch Menschen, die sich zum ersten Mal oder ganz neu auf ein Leben mit Jesus einlassen, sehr viel Hilfe. Hilfe in Form von Gemeinschaft, Unterweisung, Warnung, Liebe, Aufmerksamkeit, Ermutigung, Einbindung, Korrektur und vieles mehr. Dieser Herausforderung muss sich die Gemeinde Jesu vor Ort stellen, Prioritäten setzen und entsprechend handeln. Gott wird all unsere Bemühungen, seine Gemeinde zu bauen, mit noch mehr innerlichem und äußerlichem Wachstum segnen.

Meine Gedanken dazu:

 1. Könige 19,1-18   *4. Februar*

Bewegung tut gut und schenkt neue Energie. Kaum etwas, was man für seine Gesundheit tun kann, ist so effektiv wie Bewegung. Wandern, Walken, Joggen oder Laufen können sehr heilsam sein. Es hilft uns im Allgemeinen, klarer zu denken und zufriedener und leistungsfähiger zu sein. Wenn Bewegung als Freude und auch als sinnvoll erlebt wird, ziert sie unser Leben. Sie schenkt Erleichterung für heute, Inspiration für morgen und Schwung für ganz neue Aufgaben. Manchmal ist das Beste, das wir tun können, ganz alleine spazieren oder wandern zu gehen, um einen klaren Kopf zu bekommen. Da haben wir den Freiraum, den wir brauchen, auch um auf Gott ungestört zu hören.

Meine Gedanken dazu:

Apostelgeschichte 3,1-12 **5. Februar**

Wenn Menschen heute Heilung suchen, aber nicht erleben, dann wird ihnen oft mangelndes Vertrauen zu Gott vorgeworfen. Diese Schlussfolgerung ist nicht richtig. Wir werden nicht durch unser Vertrauen gerettet oder geheilt, sondern aufgrund des souveränen Willens Gottes und seiner Gnade und Barmherzigkeit. Dieses Wirken Gottes für uns, mit uns und in uns wird erst für uns persönlich erfahrbar, wenn wir ihm vertrauen. Wen Gott letztendlich heilt und wen nicht, das müssen wir akzeptieren – für uns und für andere. Gott weiß am besten, wie er sich verherrlichen kann.

Meine Gedanken dazu:

 Johannes 8,31-32

Psalm 139,1-18 + 23-24

6. Februar

Nichts wird sich in unserem Leben langfristig ändern, bis wir bereit sind, der Wahrheit über unser Leben und Gottes Plan für unser Leben ins Gesicht zu schauen. Jesus verspricht, dass die Wahrheit uns frei machen wird – die Wahrheit über unsere Stärken und Schwächen, unsere Grenzen und Möglichkeiten und besonders über unsere Motive. Nur Gott kann uns ins Herz schauen und sagen, wo wir Veränderungen nötig haben und welche Veränderungen wir zuallererst anpacken sollten.

Meine Gedanken dazu:

Prediger 11,7-10 + 12,1-7 **7. Februar**

Zufrieden alt werden ist möglich. Dafür müssen wir unsere eigene Identität finden. Wir müssen wissen, wie wir über uns und über unsere Erfolge und Misserfolge, Enttäuschungen und Hoffnungen denken. Wir müssen wissen, welchen Sinn wir den vor uns liegenden Jahren geben möchten. Verzeihen, Vergeben und Dankbarkeit helfen uns, das Leben zu meistern. Zufrieden alt werden heißt auch, dass wir selber entscheiden, was wir tun wollen: wie wir unsere Zeit und unser Geld verteilen wollen, dass wir offen für neue Kontakte sind und dass wir uns am Alltäglichen freuen sowie an den Menschen, die Gott uns anvertraut hat. Lebenszufriedenheit heißt, wir genießen jeden Tag, den Gott uns schenkt.

Meine Gedanken dazu:

 Johannes 4,1-41   8. Februar

Jesus ist schonungslos in seiner Diagnose über den Zustand der Menschen. Aber er ist auch hemmungslos in seiner Gnade. Einerseits hält er uns ein Sündenregister vor Augen und fordert uns stets auf, unser Lebensglück in seiner Nähe zu suchen. Andererseits bietet er uns seinen Freispruch und die Gemeinschaft mit Gott an – egal, was gelaufen ist. Wenn wir verstehen, dass wir rettungsbedürftig sind und von seinem lebendigen Wasser trinken, werden wir erleben, wie Jesus unser Leben ganz neu füllt mit Sinn, Glück und Freude. Dass es Gott ist, der diese Veränderungen bewirkt hat, werden wir nicht für uns behalten wollen.

Meine Gedanken dazu:

 Epheser 4,31
Matthäus 5,21-26

Menschen nach einem Streit einfach links liegen zu lassen oder dauerhaft im Streit zu leben, ist keine Lösung und auch für Gott nicht akzeptabel. Es ist gut, wenn wir uns hinsetzen und überlegen, mit wem wir Spannungen haben – auch unausgesprochene –, und diesen Menschen z. B. einen persönlichen Brief schreiben. Wir könnten kurz von unserer Auseinandersetzung oder über unsere Differenzen schreiben – nicht nachtragend, aber auch unsere damalige Meinungsverschiedenheit nicht verleugnend – und ein Gespräch anbieten, das einen Neuanfang möglich machen kann. Die Reaktionen auf solche sinnvollen Briefe werden herzergreifend sein, denn Gott selber steht hinter diesem Versöhnungskonzept!

Meine Gedanken dazu:

 Sprüche 12,10 **10. Februar**

Wir müssen nicht alle Vegetarier sein. Aber wenn wir Mitleid mit jenen Tieren empfinden möchten, deren Leiden wir für einen günstigeren Preis oder aus Bequemlichkeit in Kauf nehmen, dann erfordert es eine dauerhafte Verhaltensänderung. Um Mitleid zu empfinden, müssen wir auf folgende Fragen gute Antworten finden und die richtigen Entscheidungen treffen: Kann ich nicht oder will ich nicht weniger Fleisch essen? Will ich mich aus Barmherzigkeit den Tieren gegenüber auf Veränderungen einlassen? Mir ist die Not der Menschen auf dieser Erde nicht gleichgültig, aber was tue ich, damit das Leid der Tiere durch den Konsum von Produkten der Massentierhaltung nicht noch mehr gefördert wird? Mit jeder Entscheidung, ein Leid nicht zu beachten, leidet unsere Empfindsamkeit (Lk. 16,10).

Meine Gedanken dazu:

Matthäus 16,21-28

Markus 9,30-32

11. Februar

Gute Kommunikation ist das A und O einer funktionierenden Beziehung. Der Austausch von wichtigen Informationen gehört dazu. Auch Informationen, die wir gar nicht hören wollen, die wir nicht sofort einordnen können oder die uns verunsichern, weil sie nicht zu unseren Wunschvorstellungen für unser Leben und unsere Zukunft passen. Was wir nicht hören oder wahrhaben wollen, können wir Menschen sehr gut ignorieren und ausblenden. Am liebsten reduzieren wir alles auf unsere Vorstellungswelt. Die Frage ist: Wofür kämpfen wir? Welchen Wahrheiten Gottes wollen wir uns nicht stellen? Welche Wege Gottes in unserem oder im Leben anderer Menschen wollen wir nicht wahrhaben und annehmen?

Meine Gedanken dazu:

1. Korinther 12,1-27   **12. Februar**

Jeder Mensch hat von Gott besondere Gaben und Fähigkeiten geschenkt bekommen, mit denen er Gutes tun kann. In der Gemeinde Jesu sollen alle Kinder Gottes die Chance haben, ihre Gaben und Möglichkeiten auszuleben. Alle Mitarbeiter sollten berufungs- und gabenorientiert eingesetzt werden. Es geht nicht darum, dass Mitarbeiter irgendwelche Lücken füllen, sondern dass sie das tun, was ihren Fähigkeiten entspricht. Es ist eine Aufwertung, die eigene Begabung zu kennen. Das schützt vor Selbstüberforderung. Keiner braucht sich durch die Kompetenzen und Möglichkeiten anderer verunsichern zu lassen. Wir sind alle Glieder am Leib Christi.

Meine Gedanken dazu:

1. Timotheus 1,12-17 *13. Februar*

Gott mutet uns ab und zu Neues zu, weil er kontinuierlich sein Reich vergrößern möchte. Über allem, was auf dieser Erde passiert, steht nach wie vor: Jesus ist gekommen, um zu retten! Deshalb sollen wir nie aufhören, Interesse am Neuen und Fremden zu haben. Wie gut, dass wir nicht Inspiration, Motivation und neue Hoffnung aus uns herauspressen müssen. Wir können sie uns einfach von Gott schenken lassen. Auch wenn wir vor großen Herausforderungen stehen, die uns Angst machen, wie zum Beispiel die Angst vor Überfremdung durch die vielen Flüchtlinge. Auch sie will Gottes Liebe erreichen und verändern, und dazu braucht Gott uns.

Meine Gedanken dazu:

1. Korinther 12,26   **14. Februar**

 Apostelgeschichte 20,19-24

Religionsfreiheit ist ein Menschenrecht. Trotzdem finden Verletzungen der Religionsfreiheit an Christen auch heute in vielen Ländern der Welt statt: in Gerichtssälen, Schulen, Gefängnissen, Einwohnermeldeämtern, aber auch in der eigenen Nachbarschaft oder im Kreis der Familie. Die Formen der Verletzungen sind ganz unterschiedlich: Sie reichen von Diskriminierungen über Hasspropaganda bis hin zu Verhaftungen und Massakern. Diese Informationen sollen bei uns ein Bewusstsein für die Situation bedrängter, bedrohter und verfolgter Christen schaffen und uns zum Mitgefühl und Gebet bewegen.

Meine Gedanken dazu:

 Jesaja 58,13-14   **15. Februar**

Es ist durchaus möglich, dass wir uns nach Gott ausstrecken, ohne ihn zu ehren. Tatsache ist, dass wir den Dingen Beachtung schenken, die uns Freude machen, oder anders gesagt, wir ehren das, was wir genießen (2. Tim. 3,4b-5). Das können wir am Beispiel vom Sabbat erkennen: Gott tadelt diejenigen, die am heiligen Tag ihren eigenen Vorlieben und Vergnügen nachgehen (Reisen, Arbeit, Geschäfte) und mehr Freude an diesen Beschäftigungen haben als an seiner Schönheit. Dabei hat Gott nichts gegen Genuss. Was ihn stört, ist, wenn wir uns mit säkularen Interessen zufriedengeben und damit ihnen mehr Beachtung und Ehre schenken als ihm.

Meine Gedanken dazu:

Epheser 4,21-24 — **16. Februar**

Wer wünscht sich nicht positive Veränderungen? Wer sehnt sich nicht danach, Fortschritte im Glauben zu machen und Jesus ähnlicher zu werden? Wer möchte nicht sein äußerstes Potenzial mit Gottes Hilfe erreichen? Aber der Wunsch alleine reicht nicht aus, wir müssen uns dafür entscheiden. Veränderungen passieren nicht rein zufällig, sondern gewollt. Sie passieren dann, wenn wir uns dafür entscheiden. Das heißt, je öfter wir eine gute Entscheidung entsprechend Gottes Willen treffen, umso mehr werden wir uns zum Positiven verändern.

Meine Gedanken dazu:

Matthäus 6,24-34

Markus 9,24

17. Februar

Das wahre Problem hinter Angst und Sorge ist Unglaube – mangelndes Vertrauen in die Verheißungen Gottes über seine zukünftige Gunst und Fürsorge. Aber Gott kann uns auf wunderbare Weise weiterhelfen und uns von unserer Sorgensucht befreien, wenn wir ihn bitten: „Ich glaube, hilf meinem Unglauben." Hilfreich ist, wenn wir nicht auf das schauen, was uns Angst macht, sondern auf Gott – uns vor Augen malen, dass wir Gottes Liebe trotz allem erleben können, dass er immer wieder eine heile Welt stiften kann, dass er alles im Griff hat, dass er ein Gott der unbegrenzten Möglichkeiten ist und dass er ein Gott der Zukunft ist.

Meine Gedanken dazu:

2. Korinther 10,4-5

Sprüche 4,23

18. Februar

Unsere Gedanken haben eine ungeheure Macht über unser ganzes Leben. Wenn wir nicht lernen, unsere Gedanken richtig zu steuern, sind sie der emotionale Brennstoff für Wut, Angst, Neid, Antriebslosigkeit und falsche Verhaltensmuster. Heilsam ist, wenn wir uns die Zeit nehmen, um unsere Gedanken zu prüfen und sie vor Gott zu bringen. Er sagt uns die Wahrheit und erneuert und erfrischt unser Denken, damit wir in der Lage sind, zum Wohl aller Menschen zu handeln und ihn zu ehren.

Meine Gedanken dazu:

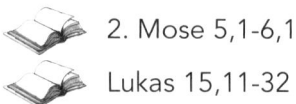 2. Mose 5,1-6,1   **19. Februar**

Lukas 15,11-32

Manchmal müssen Dinge erst richtig ungemütlich, deutlich schlimmer oder sogar unerträglich werden, ehe wir bereit sind, sie loszulassen, Veränderungen zuzulassen oder neue, unbekannte Wege mit Gott zu gehen. Manchmal wenden wir uns erst dann mit unseren Problemen, Klagen, Sehnsüchten und Hilfeschreien an Gott, wenn etwas richtig wehtut oder es uns an den Kragen geht. Dabei ist Gott immer nur ein Gebet entfernt, und bei ihm ist viel Vergebung und Hilfe zu holen. Bei ihm sind neue Wege immer möglich. Wir müssen es nur wollen, uns aufmachen und gehen.

Meine Gedanken dazu:

 Jesaja 26,7
Matthäus 6,33

20. Februar

Oftmals verschwenden wir erstklassige Energie in zweitklassige Dinge, weil wir den Unterschied zwischen dem Dringlichen und dem Wichtigen nicht erkennen. Das Wichtige wird leider oft hintangestellt, wie zum Beispiel Zeit mit Gott oder mit unseren Familien. Das Geheimnis eines stressfreien und produktiven Lebens ist Fokussierung. Wenn wir wissen, was Gott wichtig ist, und unsere Energie dafür investieren, brauchen wir uns keine Sorgen um alles andere zu machen.

Meine Gedanken dazu:

Lukas 2,36-38

 Apostelgeschichte 13,1-3

 Apostelgeschichte 14,23

In der Bibel geht es beim Fasten um eine innere Hinkehr zu Gott – ein Bemühen, unserer Beziehung zu Gott mehr Raum zu geben. Oft ist Fasten auch verbunden mit Buße, also einer Ab- und Umkehr von Dingen, die unser Leben in unzulässiger Weise bestimmen, und um einen körperlichen Ausdruck dessen, dass nur Gott den Hunger unserer Seele stillen kann. Biblisches Fasten ist eine geistliche Waffe im Gebetskampf um das Wirken Gottes und gegen das Böse. Fasten in Verbindung mit intensiver Fürbitte für etwas oder jemanden und Konzentration auf das Gebet, das ist biblisches Fasten und etwas ganz anderes als eine selbst gewählte Zeit der Beschränkung von Essen, Trinken, Einkaufen oder der Nutzung von Handys, Fernseher oder PCs.

Meine Gedanken dazu:

 Psalm 37,5   **22. Februar**

Psalm 40,1-5

Wenn Probleme, Schwächen oder Krankheiten trotz Hilfe wiederholt auftauchen, zerschlagen sich all unsere Hoffnungen. Nichts kann uns aufmuntern. Wir fühlen uns einsam und allein. Gott sieht das alles und will unser verwundetes Herz pflegen und uns neue Wege zeigen, auf denen wir unbeschwert gehen können. Das kommt manchmal überraschend, und es bringt uns nicht immer volle Genesung. Es kann uns aber zeigen, wie wir mit Grenzen weiter etwas Sinnvolles tun können. Die Voraussetzung dafür ist unsere Treue, d. h., dass wir unsere Hoffnung auf Gott nicht aufgeben, weil *er* uns treu bleibt. Es kommt nicht auf unsere Gefühle oder Glaubensstärke an, sondern auf Gottes Treue. Der Glaube an ihn schenkt Trost und Hoffnung.

Meine Gedanken dazu:

Jeremia 1

1. Korinther 2,13

2. Petrus 1,20-21

23. Februar

Die meisten von uns sind keine großen Helden, sondern Menschen mit Ängsten und Selbstzweifeln. Trotzdem schenkt Gott uns die Macht seines Wortes. Jeder Christ hat etwas zu sagen und zu geben. Wer in Gott eintaucht, taucht lebendig neben seinem Nächsten auf. Das ist unsere Berufung – auch wenn es heißt, dass wir unsere Stimme erheben gegen Ungerechtigkeiten und Verletzungen der Menschenrechte. Gott selbst will uns die richtigen Worte zur rechten Zeit in den Mund legen. Es ist sein Geist, der uns auch ganz spontan eingeben kann, was wir in bestimmten Situationen sagen oder tun sollen. Das nimmt uns die Angst vor uns selbst und vor den Reaktionen anderer.

Meine Gedanken dazu:

Markus 9,14-29　　**24. Februar**

Unsere Hilflosigkeit bedeutet nicht, dass Gott hilflos ist. Unsere Ohnmacht können wir nicht auf Gott übertragen. Die Kraft des Glaubens liegt nicht in unserer Glaubenskraft, sondern in dem Gott, dem wir vertrauen. Auch die Kraft des Gebetes liegt nicht beim Beter, sondern bei Gott. So gut Gebetsketten und Gebetskreise sind, sie haben in sich keine Macht – egal, wie inbrünstig und leidenschaftlich wir zu Gott beten. Gott ist der Geber aller guten Gaben. Er lässt sich in keine Form pressen. Gebet ist der Weg zur Kraftquelle. Nur in der Gemeinschaft mit Gott und aus dem Leben mit ihm können wir die harten Realitäten des Alltags bewältigen. Da, wo wir Jesus um Hilfe bitten, setzt die Kraft des Glaubens ein. Er ist die Antwort und sagt auch zu uns: „Komm zu mir!"

Meine Gedanken dazu:

 Hebräer 5,11-14 — **25. Februar**

Von immer mehr gibt es immer mehr! Nicht nur Wissen, Events und Veränderungen durch Trends und Werte nehmen zu, auch die Gegenwart des Bösen und die Zerrissenheit der Menschen sind offensichtlich. Aus der Ferne betrachtet, mag unsere Welt hell erleuchtet scheinen, und doch ist sie an vielen Stellen finster. Wo das Ungute nicht mehr aufgedeckt und benannt wird und wir uns an all das Gift gewöhnen, werden wir das Wesentliche vom Unwesentlichen nicht unterscheiden können. Wachsen und Gedeihen können wir nur bei Ja und Nein, Zuspruch und Begrenzung. Die Bollwerke gegen die Mächte der Zerstörung heißen Gemeinschaft mit Gott und Gemeinschaft mit Christen. Zusammen können wir Habgier, Ratlosigkeit und Zerbruch hindern. So wird unsere Welt immer heller und Gottes Reich realisiert.

Meine Gedanken dazu:

Lukas 9,49-50

26. Februar

Ganz schön ärgerlich, wenn sich jemand mit fremden Federn schmückt und damit Erfolg hat! Menschen, die Gutes im Namen Jesu tun, sind in ihrem Tun gesegnet, auch wenn sie nicht zu unserer Gruppe oder Kirche gehören und ihre Handlungen nicht einer christlichen Motivation entspringen. Jeder Mensch macht sich seine Gedanken über Gott, und nicht immer sind diese alle vollständig oder richtig. Manche Menschen brauchen Zeit, um im Glauben zu wachsen. Es gibt nur einen Weg zu Gott, aber viele Wege zu Jesus (Joh. 14,6). Jeder Weg ist ein Prozess. Auch wenn wir nicht immer das Denken und Tun eines anderen nachvollziehen können, sollten wir diese Menschen achten und lieben. Jesu Nachfolger werden nicht an ihrer „richtigen" Lehre erkannt, sondern an ihrer Liebe zueinander (Joh. 13,35).

Meine Gedanken dazu:

 Hebräer 10,26-31   **27. Februar**

Was würde passieren, wenn wir die christliche Verkündigung zum Thema „Himmel und Hölle" ernst nehmen würden? Wenn uns bewusst würde, dass wir über das Ende unserer Pilgerreise selber entscheiden? C. S. Lewis schrieb: „Am Ende gibt es nur zwei Arten von Menschen: Die, die zu Gott sagen: „Dein Wille geschehe", und die, zu denen Gott sagt: „Dein Wille geschehe!" Zu unseren Lebzeiten spricht Gott uns eine Einladung aus. Wir dürfen zu ihm kommen – er ist unser Heiland. Nach dem Tod erhalten wir eine Vorladung, und dann ist Jesus der Richter. Das heißt: Solange wir leben, haben wir die Wahl, wie es für uns nach dem Tod weitergeht. Aber wie lange leben wir noch?

Meine Gedanken dazu:

Markus 9,42-50

28. Februar

Was uns prägt, das geben wir prägend weiter – bewusst oder unbewusst, im Positiven wie auch im Negativen. Wie wir leben, hat Einfluss auf andere und Konsequenzen für uns. Dass wir im Glauben an Jesus wachsen und dass sein Reich hier und heute weiterwächst, sollte unser höchstes Ziel sein. Ein Ziel, für das wir uns mit ganzer Kraft und mit unserem ganzen Körper einsetzen – ob es unsere Hände, Füße oder Augen betrifft. Diese Körperorgane sind sehr nützlich und können viel Gutes bewirken. Sie können aber auch missbraucht werden und Schaden anrichten. Diese Organe zu verlieren, bedeutet einen großen Verlust, aber unseren Glauben und Anteil an Gottes Herrlichkeit zu verlieren, ist noch viel schlimmer. Was müssen wir aus unserem Leben entfernen, damit wir im Glauben reifen und Gottes Reich wächst?

Meine Gedanken dazu:

Apostelgeschichte 17,30 **29. Februar**

„Gott liebt dich so, wie du bist!" Diese Behauptung klingt toll und einladend – ist aber einseitig, denn sie verharmlost Gott. Gott ist ein liebender Vater, aber auch ein strenger, richtender Gott. Er ist keine harmlose, anspruchslose Spielfigur, die alle annimmt und über alle Verfehlungen hinwegsieht. So wie wir Menschen von Jugend auf sind, ist es nicht in Ordnung (1. Mose 8,21). Die christliche Tradition nennt das Sünde. Ohne Erkenntnis der eigenen Schuld bleibt das Bild vom liebenden, gnädigen Gott unvollständig. Tatsache ist: Gott liebt uns, obwohl wir so sind, wie wir sind, trotzdem lässt er uns nicht alles einfach so durchgehen. Gott ist wie ein liebender Vater, der seine Kinder bedingungslos liebt, der sie aber auch auf ihre Fehler hinweist und etwas von ihnen verlangt.

Meine Gedanken dazu:

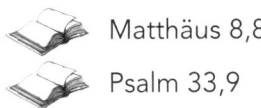 Matthäus 8,8

Psalm 33,9

1. März

Gott tut gerne Wunder. Er braucht nur die Worte „es werde …" oder „es werde nicht …" zu sprechen, und schon wird ein Wunsch erfüllt. Darum sind manche Menschen überzeugt, dass sie Gott nur anflehen müssten, dann werde er sich erbarmen und ihre Wünsche erfüllen nach dem Motto: „Es werde …!" Dennoch bleibt manchmal das Ersehnte aus. Das mag sein, weil unsere Wünsche und Bitten unserer Entwicklung, Bewahrung oder Buße im Wege stehen. Gott wird uns nicht das geben, was wir wollen, wenn es uns letztendlich schadet. Trotzdem bleibt er ein Gott, der kleine und große Wunder tut – aber er vollbringt sie dann, wenn er es für richtig hält. Es ist immer ein Wunder, wenn Gott spricht: „Es werde!" – aber auch, wenn er spricht: „Es werde nicht!"

Meine Gedanken dazu:

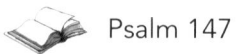 Psalm 147　　　　　　　　　　*2. März*

Singen und Musizieren ist genauso ein Geschenk Gottes wie Frieden und Sicherheit. Singen – ob alleine oder in Gemeinschaft – macht froh, ist wohltuend, aufbauend und wirkt wie ein Antidepressivum. Wenn wir dann noch geistliche Lieder oder Lobpreislieder in Begleitung von Instrumenten singen, wird das Singen so richtig begeisternd und schön! Gott ist es wert, gelobt zu werden. Kinder Gottes sollten Gott loben und preisen, als sei das die wichtigste Aufgabe überhaupt. In unseren Gemeinden und Kirchen sollte es fröhliche Anbetung Gottes geben, denn Kinder Gottes haben viel Grund, Gott zu loben und ihm zu danken. Sie schulden Gott ihren Dank und dürfen nie vergessen, was er für sie getan hat und immer noch tut. Gott ist es wert, gelobt zu werden.

Meine Gedanken dazu:

Psalm 32,1-5

Johannes 9,1-3

Jesaja 53,5b

3. März

Vergebung durchflutet uns mit ungeahnter Freude. Unvergebene Sünde und Schuld dagegen kann sehr schwer auf uns lasten und zu psychischen oder körperlichen Erkrankungen führen. Sünde und Schuld kann man nicht therapieren – beides braucht die Vergebung Gottes. Auf der anderen Seite sind Krankheit und Behinderung nicht immer Ausdruck von Sünde. Es geht nicht in jedem Fall darum, eine Ursache beim Kranken zu suchen oder Krankheit als eine göttliche Strafe zu sehen. Vielmehr soll Gottes Macht darin deutlich werden, dass Jesus in der Lage ist, eine aussichtslose Lage zu ändern. Wo Jesus ist, da ist das Leben – mit oder ohne Krankheit. Die Beziehung zu Gott ist durch Vergebung geheilt, auch wenn Krankheit bleibt und wir immer wieder Fehler machen.

Meine Gedanken dazu:

📖 Markus 10,1-12   **4. März**

📖 1. Mose 1,27 + 2,24

📖 Matthäus 5,31-32 + 19,3-9

Scheidung war schon immer ein brisantes Thema. Nach den mosaischen Gesetzen (5. Mose 24) im Alten Testament durfte etwas Schändliches, Peinliches, Ärgerliches, ein unbedeutendes Fehlverhalten oder sexuelles Vergehen zur Scheidung führen, bei der ein Scheidebrief überreicht wurde. Jesus macht im Neuen Testament klar, dass dieser Scheidebrief die grundsätzliche Ordnung Gottes nicht auflöst. Der Scheidebrief war eine Notlösung wegen der Lieblosigkeit und Hartherzigkeit mancher Menschen gegenüber ihren Partnern. Wir werden angehalten, in unsere Beziehungen zu investieren und unserem Partner mit mehr Liebe, Barmherzigkeit, Verständnis und Selbstlosigkeit zu begegnen. Weil Gott die Lieblosigkeit und Hartherzigkeit des Menschen ändern kann, lohnt es sich, dafür zu beten. Wunder gibt es immer wieder!

Meine Gedanken dazu:

Galater 5,25 - 6,10
Psalm 18,2-3
Römer 8,28

Krisen sind Wirklichkeit – ob es um Beziehungskrisen, Unternehmenskrisen, Gemeindekrisen, Wirtschaftskrisen oder politische Krisen geht. Aber anstatt krisenscheu zu sein, sollten wir unseren großen Krisenmanager Gott unsere Krisen managen lassen. Er zeigt uns nicht nur, wo das Problem liegt, sondern ist bereit, den entscheidenden Beitrag zur Lösung der Krise zu leisten. Aus einer tiefen Krise können wir auch lernen, wie wir fröhlich unseren Weg gehen können. Denn es ist erfahrbar, dass Gott ein Fels ist, an den wir uns klammern können. Wir müssen es aber wollen, dass Gottes Wille geschieht. Er kennt den Anfang und das Ende unseres Lebens und hat unser Bestes im Sinn.

Meine Gedanken dazu:

Matthäus 6,10

Offenbarung 21,4

6. März

Im Himmel ist alles perfekt. Hier auf Erden sieht's anders aus. Aber nichts muss bleiben, wie es ist. Gott möchte ein Stückchen Himmel auf die Erde bringen. Wenn wir Gottes Reich bauen – wo sein Wille geschieht –, dann müssen wir zuerst bei uns anfangen: Sein Wille (seine Gerechtigkeit und Liebe) muss zuerst in uns, an uns und durch uns geschehen. Dabei hilft uns seine Kraft. Das heißt nicht, dass wir dann perfekt sind. Es gibt keine perfekten Menschen oder Lebensumstände auf dieser Erde. Aber umso mehr wir selber in Gottes Willen leben, umso ähnlicher werden wir Jesus und umso mehr Vollmacht schenkt uns Gott, um sein Reich zu bauen. So wird auch unsere kleine Welt immer himmlischer! Dabei beten wir weiter: „Dein Reich komme, dein Wille geschehe!"

Meine Gedanken dazu:

 Psalm 73   **7. März**

Manchmal ist die bittere Erkenntnis, dass nichts mehr geht, notwendig, damit wir den Mut oder die Demut bekommen und dann auch die Kraft entfalten, uns der Realität zu stellen. Es gibt keinen Grund zur Panik, aber einen Grund zur Umkehr – und zwar nicht nur oberflächlich, sondern grundsätzlich. Und das heißt, sich Gott ganz auszuliefern (Vers 28). In seiner Nähe erkennen wir, dass wir zu ihm gehören, egal wie es uns und anderen geht. Er leitet uns nach seinem Plan. Bei ihm liegen unsere Zukunft und unser ganzes Glück. Er ist und bleibt vertrauenswürdig und tut große Dinge. Durch diese Erkenntnisse überwinden wir auch die tiefsten Glaubenskrisen.

Meine Gedanken dazu:

📖 1. Petrus 1,6-7
📖 Markus 9,49-50
📖 Psalm 66,10-12

In jeder Krise ist ein großer Schatz verborgen, den es unter all der Schlacke des Feuers und den Scherben des Zerbruchs zu finden gilt. Das mag eine neue Gottesbeziehung sein, eine neue Art, offen und ehrlich miteinander umzugehen, oder eine geklärte, gereinigte und herzliche Gemeinschaft unter Christen in der eigenen Gemeinde. Am Ende stehen wir ganz anders im Leben. Wir haben Liebe und Barmherzigkeit kennengelernt und sind gereift.

Meine Gedanken dazu:

 Psalm 131 **9. März**
Prediger 4,6

In der Ruhe liegt die Kraft. Das heißt, in der Stille und Geborgenheit bei Gott überlegen wir eher, wie wir handeln sollen. Das Schlüsselwort zu dieser Ruhe kann für uns „Reduzierung" heißen oder „weniger ist mehr". Der Vorgang des Entrümpelns befreit. Wir können uns ehrlich fragen: Sind alle Verpflichtungen nötig? Muss alles so aufwendig sein? Überfordern wir uns vielleicht gegenseitig mit erhöhten Erwartungen? Vieles ist manchmal im Nachhinein gar nicht so wichtig, wie man ursprünglich dachte.

Meine Gedanken dazu:

 2. Korinther 2,14-16   **10. März**

Wer interessiert ist, ist interessant! Das heißt, der Reiz des „Andersseins" öffnet uns viele Türen zu Menschen. Wir können auf Andersdenkende und Anderslebende leicht zugehen und uns für sie interessieren. Dabei kommen wir in Beziehungen zu Menschen und können etwas von unserem Glauben weitergeben und auf andere den Reiz des Unbekannten ausüben. Wichtig ist, dass unser Glaube für andere erkennbar ist und wir mit Interesse auf andere Menschen zugehen.

Meine Gedanken dazu:

Hebräer 10,25

Matthäus 18,20

Apostelgeschichte 2,42-47

Römer 1,12

Die Gemeinde Jesu ist eine geniale Erfindung Gottes – auch wenn sie nicht vollkommen ist. Für viele Menschen ist sie der Ort, wo sie von Jesus hören, Gott als Vater lieb gewinnen, den Heiligen Geist erfahren und die Gemeinschaft des Glaubens erleben. Ohne die unterstützende und ermutigende Gemeinschaft der Christen fehlt unserem Glauben, unserer Liebe und unserer Hoffnung ganz viel. Manches schaffen wir einfach nicht alleine. Das ist Teil von Gottes Plan. Wir sind geschaffen, um in Gemeinschaft zu leben. Christliche Gemeinschaft – eine radikale Form von Freundschaft, Liebe und Vertrautheit – war schon für viele ein Anstoß in die richtige Richtung.

Meine Gedanken dazu:

Apostelgeschichte 18,24-27 **12. März**

Helfen und sich helfen lassen ist eine Kunst, die nicht frei von Spannungen ist. Sie hat mit Stark-Sein und Schwach-Sein zu tun. Der Helfer ist in der Position des Stärkeren. Der Hilfsbedürftige gibt seine Schwäche zu oder er spielt seine Situation herunter nach dem Motto: „Ich schaff' das schon!" Doch wir können Hilfe leichter annehmen, wenn uns vom Helfer Achtung entgegengebracht wird und wir unseren Wert nicht aus dem beziehen, was wir alleine schaffen. Unser Wert darf nicht dadurch bestimmt werden, dass wir jemandem helfen, aber ebenso macht es uns nicht wertlos, wenn wir uns helfen lassen. Wenn wir lernen, Hilfe in Anspruch zu nehmen, begreifen wir, was Barmherzigkeit ist, und haben es leichter im Leben.

Meine Gedanken dazu:

 Daniel 2   **13. März**

Kein Gelehrter, Magier, Wahrsager oder Sterndeuter kann uns die Weisheit, Kraft und Klugheit verleihen, die wir brauchen, um bestimmte Dinge im Leben richtig zu beurteilen, zu erkennen oder einzuschätzen. Nur Gott verfügt über diese Macht und Weisheit. Nur er kann Verborgenes enthüllen, uns einen Blick in die Zukunft schenken und Bestehendes verändern. Wenn wir Einsicht und Urteilsvermögen brauchen, können wir und unsere Gebetspartner Gott darum bitten. Jede Gebetserhörung ist ein Beweis dafür, dass Gott Herr über alle und alles ist.

Meine Gedanken dazu:

 Epheser 3,17-19　　　　*14. März*

Gottes Liebe ist groß genug, um mit allem fertig zu werden. Egal, welche Verletzungen wir in der Vergangenheit erfahren haben oder welche Probleme wir momentan erleben oder welche Herausforderungen wir noch in Zukunft bewältigen müssen, wir können mit Gottes Liebe rechnen. Vielleicht denken wir, wir haben „Ground Zero" erreicht und es kann in unserem Leben nicht schlimmer werden. Aber genau dort, am „Boden", ist der Fels von Gottes unermesslicher Liebe. Dieser Fels ist so stark, dass wir zusammen mit Gott darauf ein ganz neues Leben aufbauen können. Gott ist bei uns und schenkt uns die Kraft für jeden Schritt.

Meine Gedanken dazu:

1. Mose 1,26-28   *15. März*

Wir können heute fast immer bestimmen, wo wir wohnen, wie wir uns kleiden, was wir essen oder für wen wir arbeiten. Eins bleibt uns aber für immer vorenthalten: die Entscheidung, ob wir als Junge oder Mädchen geboren werden. Das liegt nach wie vor in Gottes Hand. Als er uns Menschen „nach seinem Bilde als Mann und Frau" geschaffen hat, hatte er Gutes im Sinn. Deswegen wird die Zweigeschlechtlichkeit niemals ein Auslaufmodell sein, egal wie sehr der Gender-Mythos versucht, das Urbild umzuschreiben.

Meine Gedanken dazu:

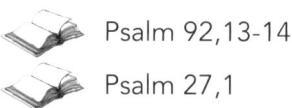 Psalm 92,13-14

Psalm 27,1

16. März

Für die Entstehung und Entfaltung unseres geistlichen Lebens brauchen wir Wasser und Licht. Unser innerer Durst wird aus der Quelle lebendigen Wassers – der Bibel – gestillt, und unsere Lebensenergie bekommen wir dadurch, dass uns unerklärbar immer wieder neu ein Licht von „oben" aufgeht. So erleben wir, dass Jesus Christus unser Licht und unser Heil ist. Wir brauchen uns vor nichts zu fürchten, auch nicht vor dem Altwerden.

Meine Gedanken dazu:

Johannes 13,1-20   **17. März**

Jesus ist sich niemals zu schade Menschen zu dienen. Auch die niedrigsten Aufgaben haben seinen Selbstwert nicht angekratzt, denn er wusste immer, wer er ist (Verse 1-3). Jesus wusste woher er gekommen ist. Er kannte seinen Schöpfer und wusste sich von ihm gewollt, geliebt, wahrgenommen wertgeschätzt und gebraucht. Jesus wusste auch wohin er geht – zurück zu seinem Vater. Der Himmel war sein Ziel und nicht, dass er im Vergleich mit anderen besser abschneidet. Er konzentrierte sich auf seinen Auftrag und setzte sich dafür ein mit allem, was Gott ihm dafür in die Hand gegeben hat. Jesus lebte zur Ehre Gottes und er erwartet das gleiche von uns. Wenn wir uns unseres Wertes in Gott, unserer Berufung, unserer Gaben und unseres Sinns auf dieser Erde bewusst sind, haben wir der Welt ganz viel zu geben.

Meine Gedanken dazu:

1. Könige 19 **18. März**

Gott alleine entscheidet, wann und wie er auf unsere Bitten und Wünsche reagiert. Aber er reagiert. Er reagiert zu seinen Bedingungen, nicht zu unseren. Manchmal offenbart sich Gott in aller Öffentlichkeit durch ein einmaliges Großereignis mit Seltenheitswert. Er liefert beeindruckende Beweise für seine Existenz und Macht. Ein andermal reagiert er unscheinbar, ganz leise im Abseits, in der Stille, ganz privat (Verse 11-13). Gott hat es nicht nötig, sich immer zur Schau zu stellen, zu zeigen wer er ist und was er alles kann. Dramatische Wunder erzielen sowieso nicht immer das langfristig erhoffte Ziel. Für den ersehnten Durchbruch in unserem Leben reichen manchmal Gottes Fürsorge in Form von gesundem Schlaf, guter Ernährung, Bewegung und frischer Luft. Gottes Fürsorge belebt unseren Körper und Geist für neue Wege, die Gott mit uns gehen will.

Meine Gedanken dazu:

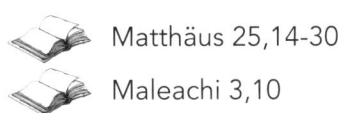

Matthäus 25,14-30

Maleachi 3,10

19. März

Christen sind aufgefordert zu geben, zu teilen und zu helfen. Auch reichlich, wenn sie können. Aber sie müssen nicht. Gott braucht ihr Geld nicht. Es geht vielmehr darum, dass Gott seine Kinder segnen und beschenken möchte. Wenn es uns schwerfällt zu glauben, dass Gott durch und durch gut ist und es ausschließlich gut mit uns meint, dann werden wir auch bei den Themen Geben, Teilen oder Helfen Schwierigkeiten haben und somit den vorgesehenen Segen Gottes für unser Leben hindern.

Meine Gedanken dazu:

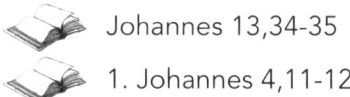 Johannes 13,34-35

1. Johannes 4,11-12

20. März

Anstatt uns davon bestimmen zu lassen, was uns in einer christlichen Gemeinschaft am besten gefällt und uns persönlich am meisten dient, sollten wir uns eher fragen: Was dient der Sache im großen Ganzen, der Allgemeinheit, der ganzen Gemeinschaft? Anstatt uns davon bestimmen zu lassen, welcher Gottesdienst für uns angenehm ist, welche Lieder uns gefallen, welchen Dresscode wir angemessen finden, sollten wir uns eher fragen: Was hilft der ganzen Gemeinschaft wirklich weiter? Was hilft Menschen dabei, mehr von Jesus zu hören und zum lebendigen Glauben an ihn zu kommen?

Meine Gedanken dazu:

Psalm 119,97-104 21. März

Die Sehnsucht eines Christen, im Glauben zu wachsen, ist nirgendwo besser ausgedrückt als in dem alten, schlichten Kinderlied: „Lies die Bibel, bet' jeden Tag, wenn du wachsen willst." Es ist nicht das Ziel, jeden Tag eine Stunde in der Bibel zu lesen, oder gar, die ganze Bibel innerhalb eines halben Jahres durchzulesen – dafür reicht unsere Willenskraft meist sowieso nicht aus. Viel besser ist es, jeden Tag mindestens einen Bibelvers zu lesen. Dafür gibt es keine Ausreden – egal, wie voll der Tag ist. Dieser täglich praktizierte Minivorsatz bringt uns dazu, dass es langfristig zu einer Gewohnheit wird, täglich das Gespräch mit Gott zu suchen. Und Gewohnheiten kosten uns kaum Kraft.

Meine Gedanken dazu:

📖 1. Thessalonicher 5,18

📖 Epheser 5,20

📖 Kolosser 4,2

22. März

Obwohl wir in einer unvollkommenen Welt leben, gibt es 1000 gute Gründe, dankbar zu sein. Trotzdem fällt uns manchmal kein einziger ein, weil unser Denken zu negativ ist. Das darf nicht zu unserer Grundstimmung werden. Wir dürfen nicht zu pessimistisch oder zu kritisch werden. Wir sollten nicht immer das Schlechte sehen, sondern das Gute. Das heißt nicht, dass wir das, was in Gottes Augen nicht gut ist, ausblenden. Kritik ist manchmal notwendig, um Verbesserungen zu bewirken. Aber wo Kritik in den Vordergrund und die Dankbarkeit in den Hintergrund gerät, wird die Wirklichkeit verzerrt.

Meine Gedanken dazu:

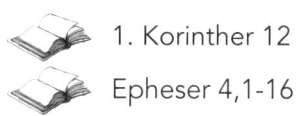 1. Korinther 12

Epheser 4,1-16

23. März

In gesunden Beziehungen findet sich Gegensätzliches: Nähe und Distanz, Kontinuität und Wechsel, Anpassung und Offensive, Verbundenheit und Eigenständigkeit, Sachorientiertheit und Beziehungsorientiertheit. Wir brauchen beides in Ausgewogenheit. Beziehungen wachsen dadurch, dass wir gemeinsam etwas tun – nicht nur wir für den anderen und er für uns. Wichtig ist, dass wir die Andersartigkeit des anderen zulassen und die Bereicherung, die darin liegt, entdecken.

Meine Gedanken dazu:

 Psalm 115 — **24. März**

Gott vergisst uns nie. Es gibt keinen Augenblick, in dem wir aus seinem Blickfeld verschwinden. Er behält Kontakt zu uns, auch in Stunden der Einsamkeit, des Leides oder der Verzweiflung. Er denkt immer an uns. Er kennt uns beim Namen. Er segnet uns. Das heißt, er spricht immer wieder ein gutes Wort in unser Leben hinein. Seine Gedanken – ob sie uns beim Bibellesen oder durch Menschen geschenkt werden, die Gott uns über den Weg schickt – stärken, führen und erfreuen uns. Sie geben uns ganz neue Hoffnung und Tatendrang.

Meine Gedanken dazu:

 Lukas 10,29-37   **25. März**

Wenn Gott uns Menschen anvertraut, die Aufmerksamkeit, Wertschätzung, Mitleid, Hilfe, Schutz, ein Dach über ihrem Kopf oder finanzielle Unterstützung brauchen – oder alles auf einmal –, dann müssen wir dem Bedürftigen nur mit dem helfen, was wir zu geben haben. Nicht mehr und nicht weniger. Wir müssen nicht all seinen Mangel ausfüllen oder ersetzen. Das befreit und ermutigt zugleich, für andere Menschen da zu sein.

Meine Gedanken dazu:

Römer 12,18

26. März

Ungelöste Krisen und Konflikte sind nicht Gottes Wille. Alle Beteiligten leiden unter ungelösten Konflikten und sollten Buße tun, selbst wenn die Krise nicht gelöst werden kann. Soviel an uns liegt, sollen wir unseren Beitrag zum Frieden leisten und die Hoffnung auf Versöhnung wach halten. Wenn der andere sich verwehrt, gilt es, ein Ja dazu zu finden, dass es diesen Konflikt unter uns gibt. Es gilt, ein Ja zu finden zu unserer Menschlichkeit – mit allen Grenzen und mit der Wirklichkeit der Sünde. Dann ist ein Weitergehen möglich. Gott ist mit seinem Segen nicht abhängig von menschlicher Vollkommenheit – auch nicht in der Bewältigung von Krisen und Konflikten.

Meine Gedanken dazu:

2. Mose 24,11 **27. März**

Gott sucht die Begegnung mit uns. Er will mit uns reden, nicht um uns alles vorzuhalten, was wir falsch gemacht oder wo wir ihn enttäuscht haben, sondern damit wir bei ihm, in seiner Nähe auftanken können. Er wartet förmlich darauf, dass wir uns freischaufeln von unseren Alltagsbeschäftigungen, seine Einladung annehmen und an seinem gedeckten Tisch unseren Platz einnehmen. An seiner Festtafel werden wir bestens versorgt, gestärkt und gesättigt, ehe wir uns an den Platz und an die Aufgaben begeben, zu denen Gott uns beruft. Unser Blick auf Gott, der Einfluss seiner Worte, die Bestätigung seiner Liebe und seine großzügige Versorgung lassen uns aufleben und bevollmächtigen uns für die Aufgaben, zu denen Gott uns beruft. Durch jeden Besuch bei Gott werden wir reich beschenkt und können weiter für ihn an unserem Platz brennen ohne auszubrennen.

Meine Gedanken dazu:

Galater 2,17-21

Epheser 2,1-10

Kolosser 3

28. März

Wer unter der Gnade lebt, kann tun und lassen, was Jesus will! Entscheidende Veränderungen in unserem Leben wird Gott in unserem Inneren vollziehen. Sein Ziel ist es, uns so zu verändern, dass wir in der Lage sind, Gehorsam ohne Anstrengung zu leisten. In unserem Nichtwollen oder in unserem Nichtkönnen ist das tatsächlich möglich, weil Jesus in uns lebt.

Meine Gedanken dazu:

Johannes 16,5-15
Epheser 3,17-19
Apostelgeschichte 2,4

Gott schafft mit großem Erfolg, was allen anderen Menschen versagt bleibt: Uns durch die Gegenwart seines Heiligen Geistes inmitten einer alten, erschöpften Welt, radikal zu verändern. Jesus ist der erste vollkommene Mensch mit einem neuen Herzen. Er ist erfüllt mit dem Heiligen Geist und in der Lage, Gottes Idee vom Leben ohne Anstrengung einzuhalten. Genauso wie Jesus können auch wir erkennen, welche für unser persönliches Verhalten konkreten Veränderungen notwendig sind.

Meine Gedanken dazu:

Matthäus 6,13 — **30. März**

Der unerschütterliche Glaube, der uns durch einsame und erschöpfende Wüstenzeiten hindurchträgt (Mt. 4,1-11), hat nichts mit „Das tut mir so gut!" oder mit aufbauenden geistlichen Erfahrungen zu tun. Es ist der Glaube an Gottes Worte, der gelernt hat dem Diktat menschlicher Triebe zu widerstehen – auch dann, wenn die tiefsten Bedürfnisse nicht gestillt werden. Es ist das Vertrauen auf Gottes Fürsorge, das gelernt hat, die Gier nach Lustbefriedigung abzulehnen. Es ist der Glaube an Gottes Güte, die eine verlockende Einladung zur Selbstbedienung ablehnt – anders als bei Adam und Eva im Garten Eden. Es ist der Glaube, der Gott in jeder Lage viel mehr zutraut als ein bisschen mehr Geld, Anerkennung, Macht oder Wohlbefinden. Es ist der Glaube an Gottes Verheißung, dass einem Kind Gottes sowieso alles gehört, dass ein Kind Gottes Anteil an der ganzen Herrlichkeit Gottes hat (Röm. 5,2; Eph. 3,13.16).

Meine Gedanken dazu:

 Hebräer 11   *31. März*

Könnten Sie spontan eine Person nennen, die Ihnen ein Vorbild im Glauben ist? Was beeindruckt Sie an dieser Person?
In der Bibel gibt es viele solcher Glaubensvorbilder. Und wenn man deren Geschichten liest, merkt man schnell: Sie sind alle Menschen wie Sie und ich – nicht perfekt! Da fragt man sich: „Was macht ein solches Vorbild aus?"
Aus Sicht der Bibel sind es Menschen, die darauf vertrauen, was Gott sagt und tut. Sie gehen mutige Schritte des Glaubens und erleben Gottes Handeln. Sie stellen sich auf die Seite Gottes, egal was es sie kostet. Nicht weil sie eine makellose Biografie vorzuweisen hätten sind sie in Gottes Augen gerecht, sondern allein weil sie auf Jesus und seine Erlösung setzen. So können auch wir Glaubenshelden des 21. Jahrhunderts sein.

Meine Gedanken dazu:

 Kolosser 4,2-6

 1. Korinther 13,7

1. April

Manche Menschen scheinen schlichtweg hoffnungslose Fälle zu sein. Wir gehen davon aus, dass sie sich niemals ändern werden. Ganz oft entsprechen unsere Erwartungen und unsere Lebensweise dem Prinzip, dass es die negativen Erfahrungen der Vergangenheit oder die aussichtslose Perspektive der Gegenwart sind, die die Zukunft bestimmen. Jesus-Nachfolger geben Menschen nie auf. Sie hoffen und beten immer für sie. Sie lassen sich nicht vom Ist-Zustand beherrschen, sondern von Gott, dem alle Gewalt gegeben ist im Himmel und auf Erden und von ihrem Gott-gegebenen Auftrag. Sie beten um gute Gelegenheiten, mit diesen Menschen ins Gespräch zu kommen, und für die treffenden Worte zur rechten Zeit, die sie freundlich und ansprechend weitergeben können.

Meine Gedanken dazu:

Apostelgeschichte 1,9-14 **2. April**

Die Geschichte mit Jesus ist längst nicht abgeschlossen. Bei seiner Kreuzigung sah es fast so aus, als wäre alles aus und vorbei. Aber dann ist er auferstanden. Bei seiner Himmelfahrt haben die Jünger verstanden, was es heißt, dass Jesus zur unsichtbaren Welt gewechselt ist: In der himmlischen Wirklichkeit kann Jesus viel umfassender bei uns sein. Das schenkt uns Hoffnung und Geborgenheit und gibt uns einen neuen Blick für die Zukunft. Jesus lebt und wird wiederkommen. Gott gestaltet unser Heute und Morgen. Er ist niemals am Ende. Ihm gehört die Zukunft.

Meine Gedanken dazu:

2. Könige 7,1-16   *3. April*

Wir brauchen unsere Hoffnung und unser Vertrauen in Gott als unseren Helfer und Versorger niemals aufzugeben. Er bleibt Herr über jede Situation. Er kann uns einen langersehnten Durchbruch schenken, indem er zum Beispiel feindselige Menschen – Menschen, die uns das Leben schwermachen, die uns zusetzen und uns verwünschen – auf überraschende Weise verstummen oder verschwinden lässt. Er kann auch eine positive Wende in unserem Leben herbeiführen mit der Hilfe von unscheinbaren, schwachen Menschen – Menschen, die am Rande der Gesellschaft leben, von denen wir nichts oder relativ wenig erwartet haben. Gott freut sich, wenn wir ihm auch in der schlimmsten Not zutrauen, dass er auf wundersame Weise Hilfe herbeischaffen kann.

Meine Gedanken dazu:

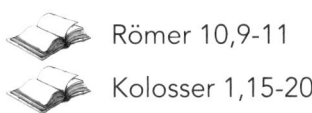

Römer 10,9-11

Kolosser 1,15-20

4. April

Jesus Christus ist Gottes Sohn, Herr und Erlöser der Welt. Von ihm her und zu ihm hin ist alles erschaffen. In ihm liegen alle Gnade und alles Heil verwurzelt. Folglich ist es sein Wunsch, dass wir ihn als Erlöser entdecken. Er möchte nicht, dass wir ihn nur als den richtenden und strafenden Christus fürchten, vor dem wir nicht bestehen können, wenn einmal alles offenbar werden wird, sondern dass er uns als nahbarer, gnädiger und tröstender Gott bekannt ist. Er möchte uns seine Gerechtigkeit und Gnade übertragen, wenn wir ihm unsere Sünde und Schuld abgeben. Ein genialer Tausch. Das ist Erlösung, Freiheit und Freude.

Meine Gedanken dazu:

 Zefanja 3,17 — **5. April**

Es ist erstaunlich, dass der ewige, allmächtige Gott, dem alles gehört, noch an manchem außerhalb seiner selbst Wohlgefallen hat (Mt. 3,17). Er hat Wohlgefallen an seinen Kindern, an allen, die ihm treu sind (Spr. 12,22), an denjenigen, die mit ihm reden (Spr. 15,8), und auch an Opfern der Freigebigkeit und Hilfsbereitschaft (Hebr. 13,16). Andererseits können wir Menschen auch an manchem außerhalb unserer selbst Wohlgefallen haben: Es kann uns zum Beispiel richtig gut gefallen und glücklich machen zu tun, was Gott Freude macht (Ps. 40,9).

Meine Gedanken dazu:

 Philipper 2,5-8   **6. April**

Jesus ist vieles – auch unser Vorbild. Er war sanftmütig und barmherzig. Er hat Menschen in Not getröstet und sich für den Frieden und für die Gerechtigkeit eingesetzt – selbst, wenn ihm das Nachteile einbrachte (Mt. 5-7). Er half, wo er nur helfen konnte. Er stellte sich dem, was gerade wichtig war. Diese von Gott kommende Einstellung und Lebensweise brachte ihm Respekt, Beliebtheit und Bewunderung ein. Menschen wollten in seiner Nähe sein, sie wollten so werden wie er. Sie wollten verändert werden, wie Jesus auch seine Jünger verändert und befähigt hatte. Sie wollten so denken und handeln können wie er. Das war ihr Herzenswunsch, und es blieb nicht nur ein Wunsch.

Meine Gedanken dazu:

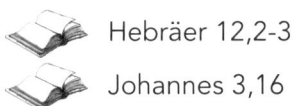 Hebräer 12,2-3

Johannes 3,16

7. April

Jesus ging bewusst den Weg ans Kreuz, obwohl er wusste, was auf ihn zukommt: Schwere und schmerzhafte Tage, die nicht zu überbieten sind! Keiner mit gesundem Menschenverstand würde freiwillig den Kreuzestod auf sich nehmen. Aber Jesus hat es getan. Er hat durchgehalten bis zum bitteren Ende (Jes. 52,14). Aber selbst auf die grausame Endgültigkeit eines Kreuzestodes hat Gott eine geniale Antwort: die Auferstehungskraft. Mit dieser Waffe konnte und kann der Teufel nicht mithalten. Selbstaufgabe und Liebe sind ihm total fremd. Das macht ihn zum größten Verlierer aller Zeiten! Der Tod ist besiegt, das Paradies zurückerobert. Es gibt eine Welt jenseits der Vergänglichkeit und wir sind zu diesem ewigen Leben mit Gott eingeladen, weil Jesus sein Kreuz auf sich nahm. Ihm war es lieber, selber sein Leben zu verlieren, als zusehen zu müssen, wie wir unser Leben für immer verlieren.

Meine Gedanken dazu:

Johannes 13,34 — **8. April**

Johannes 14,12

Jesus ist Meister der guten Gemeinschaft. Er hatte ganz unterschiedliche Menschen dazu berufen, mit ihm das Leben zu teilen und von ihm zu lernen. Diese Menschen haben trotz Meinungsverschiedenheiten und Streit zusammengehalten. Jesus, ihr Meister, hatte sie geführt, korrigiert und ermutigt – und immer wieder mit seinen Wundertaten und Worten beflügelt. Auch unser Zusammenhalt mit anderen Christen kann gelingen. Dafür hat Jesus uns seinen Heiligen Geist gegeben. Diesem sollen wir Raum geben, indem wir einander lieben, einander an seine Worte erinnern und im Vertrauen auf diese Worte handeln. Somit führen wir das weiter, was Jesus angestoßen hat, und noch viel mehr.

Meine Gedanken dazu:

 Philipper 1,6   **9. April**

Gottes Absicht, uns zu verändern, braucht Zeit. Entfaltung ist ein Prozess. Da gibt es keine Abkürzungen. Alle Veränderungen passieren nach Gottes Zeitplan. Wenn wir ungeduldig werden und das Warten uns schwerfällt, hilft es uns zu bedenken, dass Gott alles zu Ende bringen wird, was er angefangen hat, damit wir zu einem wunderbaren Kunstwerk umgestaltet werden. Ein Meisterstück, das für den Himmel geeignet ist. Anstatt immer auf das zu schauen, was noch nicht ist, können wir all die kleinen und großen Veränderungen zelebrieren, die Gott schon in unserem Leben bewirkt hat. Das macht neugierig auf das, was Gott noch alles in Zukunft tun wird.

Meine Gedanken dazu:

 Matthäus 20,28 — **10. April**

Aus Jesu Sicht gibt es nur eines in dieser Welt, das wirklich zählt: Menschen. Er sorgt sich um ihr ewiges Schicksal. Auf seinem ganzen Weg zum Kreuz hatte er nur eins im Sinn: Rettung (Lk. 19,10). Er wusste, dass das einzige Gut, das den ganzen Weg bis in die Ewigkeit schaffen würde, Menschen sind. Alles andere würde an der Grenze konfisziert werden. Kein Wunder, dass es sein großer Wunsch ist, dass seine Nachfolger seine Leidenschaft teilen und Partner in seiner Mission werden. Wenn wir das tun, dann weiß er, wie sehr wir ihn lieben.

Meine Gedanken dazu:

 Markus 1,35   **11. April**

Matthäus 14,23

Wir können nicht mit einem „leeren Tank" dienen. Selbst Jesus suchte die Abgeschiedenheit, wenn er müde oder erschöpft war. Er flüchtete, um für eine Weile zu ruhen oder alleine mit seinem Vater im Himmel zu sein. Manchmal verließ er sein Quartier vor Sonnenaufgang oder er zog sich mitten in der Nacht zurück, um nichts mehr zu sehen oder zu hören. Wenn unser Tank „müde" anzeigt, dann sollten wir eine Möglichkeit finden, uns zu erquicken. Anschließend können wir wieder mit neuer Zielstrebigkeit und Entschlossenheit zum „Unternehmen Mensch" zurückkehren.

Meine Gedanken dazu:

 Markus 6,6-13

12. April

Apostelgeschichte 18,1-11

Manchmal sind wir in der Lage, Menschen vorübergehend Gutes zu tun, Ihnen zu helfen und zur Seite zu stehen. Ein andermal können wir ihnen nur begrenzt Hilfe anbieten, bis es jemanden gibt, der ihnen wirklich ganzheitlich weiterhelfen kann. Und manchmal haben wir die Gelegenheit, alles zu tun und zu geben, damit Menschen im Leben vorankommen. Es gibt aber auch Menschen, denen niemand helfen kann. Sie lehnen jeglichen Rat, jegliche Hilfe, jedes gute Wort und auch die gute Botschaft von Jesus ab. In diesem Fall sollten wir die Situation vor Gott bringen und überlegen, ob wir das, was wir an Zeit, Kraft oder Geld zu geben haben, anderswo einsetzen sollten.

Meine Gedanken dazu:

📖 Jakobus 4,11-12

📖 Psalm 101

📖 1. Petrus 2,1

📖 Titus 3,2

Tratsch hat einen hohen Preis. Er ruiniert den Ruf und die Würde des Menschen, über den schlecht geredet wird. Er ist ein Vertrauenskiller. Er führt zur Zurückhaltung, sät Misstrauen und bringt Freunde auseinander. Tratschen ist im Grunde ein Versuch, von der eigenen Verwundbarkeit abzulenken. Um sich selbst abzuheben, redet man lieber schlecht über andere. Das Gegenmittel zum Tratschen heißt bedingungslose Annahme (Röm. 15,7).

Meine Gedanken dazu:

 1. Thessalonicher 4,16-18   **14. April**

Jesus wird wiederkommen, und wir werden für immer mit ihm im Himmel sein. Was uns da erwartet, soll uns hier schon ermutigen und trösten (Ps. 16,11). Dabei geht es nicht nur um ein bisschen Freude, sondern um die Fülle! Der Himmel ist ein Ort der Freude, des Glücks, des Friedens und der Zufriedenheit. Ganz anders als hier (Offb. 21,3-4; Jes. 35,10). All das geschieht durch die Gegenwart Gottes. Das ist für uns alles unbegreiflich. Aber so ist und bleibt Gott selbst: unbegreiflich, unfassbar und unendlich. Auch im Himmel werden wir immer wieder Neues über Gott zu entdecken, zu bewundern und zu bejubeln haben. Es wird nicht langweilig.

Meine Gedanken dazu:

 Matthäus 19,26

Lukas 1,37

Markus 9,23-24

 **15. April**

„Geht nicht – gibt's nicht!" Dieses Sprichwort gilt da, wo wir selbst erkennen: Ich kann es nicht. Ich bin es nicht. Ich habe es nicht. Aber wenn wir es Gott übergeben, ihn machen lassen, uns auf ihn stützen und uns in seine Hand fallen lassen, dann kommt Bewegung in unser Leben. Gott hat alles vorbereitet und in unsere Herzen hineingelegt. Er plant alles vom Anfang bis zum Ende. Es ist seine gute Hand, die uns hilft und tröstet und alles möglich macht.

Meine Gedanken dazu:

Philipper 4,11-13 **16. April**

Unser Ziel sollte es sein, in allen Situationen zufrieden zu sein und zufrieden zu leben und nicht zu versuchen, alle Situationen zu unserer Zufriedenheit zu leben. Wenn wir darüber nachdenken und erkennen, was Gott uns schon alles in der Vergangenheit geschenkt hat und gerade jetzt auch schenkt, anstatt ständig etwas zu begehren oder mehr von irgendetwas haben zu wollen, dann kann Dankbarkeit uns zufrieden machen. Außerdem ehrt Gott unsere aktive Dankbarkeit.

Meine Gedanken dazu:

 Epheser 5,21-33

1. Petrus 3,7

Sprüche 5,18-19

 **17. April**

Gott hat sich die Ehe zwischen Mann und Frau ausgedacht. Diese liebevolle und dauerhafte Beziehung soll ein Bild für die Liebe Jesu zu seiner Gemeinde, zu seinen Kindern sein. Gute Ehen, die nicht nur nach außen hin funktionieren, sondern wo Paare miteinander beten, einander annehmen und achten, gute Regeln für den fairen Streit einhalten, täglich aus der Vergebung leben, Verletzungen aufarbeiten, gut kommunizieren und das Prinzip der freiwilligen Selbstlosigkeit leben, sind ein mächtiges Zeugnis in jeder Zeitepoche.

Meine Gedanken dazu:

Nehemia 4,8 — **18. April**

Viele Studien zeigen leider, dass Kinder statistisch zu den Vernachlässigten unserer Gesellschaft gehören. Das Kind rangiert oft hinter der Selbstverwirklichung. Man spricht von einer inneren und äußeren Verwahrlosung. Verwahrloste sind Menschen, bei denen das Bedürfnis nach Verwahrtsein in ihrer Kindheit nicht befriedigt wurde. Dabei ist die Familie eine Stiftung Gottes und die wichtigste Zelle der Gesellschaft. Wenn sie vernachlässigt, vergessen und zerstört wird, hat eine Gesellschaft keine Zukunft. Familie ist und bleibt die Baustelle, an der wir täglich gefordert sind, nach Gottes Plan zu arbeiten. Sie braucht unseren Schutz und unsere Sicherheit. Wer sich nachhaltig für das Wohl der Familie und die nächste Generation stark macht, setzt neue Energien frei.

Meine Gedanken dazu:

 1. Korinther 15,12-22 **19. April**

Jeder von uns hofft, dass sein Leben auf dieser Erde gelingt. Aber wenn das das Einzige ist, worauf wir hoffen, ist das zu wenig. Dann ist das Christsein nur noch eine Lebenshilfe. Die entscheidende Hoffnung des christlichen Glaubens ist das ewige Leben. Diese Hoffnung auf ein Leben nach dem Tod ist genau das, was uns wirklich leben lässt. Sie schenkt uns Gelassenheit, hilft uns, mit Grenzen zu leben, befreit uns von dem Druck, möglichst alles aus den Jahren herauszuholen, die wir auf dieser Erde haben. Sie tröstet uns in den schlimmsten Zeiten, hilft uns, für andere da zu sein, und macht uns bereit, für Jesus zu leiden. Wie gut, dass wir uns nicht auf das Diesseits vertrösten müssen.

Meine Gedanken dazu:

 Apostelgeschichte 4,32-37   **20. April**

Apostelgeschichte 5,12-16

Auch wenn Menschen, die Jesus lieben und ihm nachfolgen, in ihrem Charakter, Temperament und in ihren Prägungen unterschiedlich sind, ist es dennoch möglich, dass zwischen ihnen Wertschätzung, Rücksichtnahme und große Harmonie besteht (Vers 32). Und auch, wenn das Leben in den christlichen Gemeinden nicht immer konfliktfrei ist (Apg. 5,1-11), ist es dennoch möglich, dass Christen einander in herzlicher, inniger Gemeinschaft zugetan sind und eine starke missionarische Ausstrahlung haben. Solch eine herzliche Gemeinschaft ist anziehend wie ein Magnet.

Meine Gedanken dazu:

 Matthäus 16,24-27
Galater 6,9
1. Korinther 3,8-16

 **21. April**

Rundumfürsorge kann uns passiv machen und das Wissen um Eigenverantwortung lahmlegen. Wenn im Leben etwas schiefläuft, dann kommt oft der Gedanke: Irgendjemand wird es schon richten. Eigene Bemühungen, die Übernahme von Verantwortung oder das Durchhalten von Härtesituationen scheinen nicht so wichtig. Dabei gehört es zu den zentralen Anliegen einer christlichen Familien- und Arbeitsethik, dass wir für unser eigenes Leben und das unserer Angehörigen Verantwortung übernehmen und versuchen, unsere Herausforderungen im Vertrauen auf Gott zu bewältigen.

Meine Gedanken dazu:

 Kolosser 1,15-20   **22. April**

Jesus Christus ist der Einzige, der das Wesen Gottes in vollkommener Weise offenbart. Er verkörpert die verborgene Wirklichkeit Gottes. Durch ihn können wir Gottes Wesen erkennen. Das gilt auch heute noch, obwohl manche Menschen Jesus durch emotionale und mystische Übungen erfahren wollen und immer wieder neu versuchen, Jesus in sich zu entdecken. Jesus erkennen wir durch sein Wort, das uns der Heilige Geist in unserem Herzen und in unserem Verstand aufschließen will.

Meine Gedanken dazu:

 1. Mose 3

2. Korinther 5,19

23. April

Sünde ist keine Bagatelle. Sünde ist auch nicht nur etwas, was man lassen sollte und mit genügend Disziplin auch lassen könnte. Sie ist eine Trennung des Menschen von Gott und damit eine Verfehlung des Lebens, zu dem der Mensch eigentlich bestimmt ist. Diese zerstörte Beziehung zwischen Mensch und Gott trägt auch Zerstörung in die Beziehung zu anderen Menschen, zu sich selbst und zur Natur hinein. Für diese Katastrophe ist allein der Mensch verantwortlich, und nur Jesus, der die Sünde der Welt auf sich nimmt, kann dieses Zerwürfnis zwischen Mensch und Gott besiegen. Wir selber können nichts dazu tun, außer Gottes Geschenk der Gnade in Jesus annehmen.

Meine Gedanken dazu:

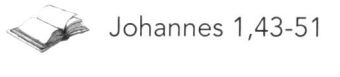 Johannes 1,43-51   **24. April**

Gott benutzt den ganz gewöhnlichen Alltag in einem ganz gewöhnlichen Umfeld, um unser Herz und unser Leben zu formen. Er benutzt oft das, was kaum Beachtung findet oder kaum wahrgenommen wird, um uns für unsere Aufgaben vorzubereiten. Es ist das Unscheinbare, das Immaterielle, das zu großen Momenten führt. Es sind Taten und noble Einstellungen wie Barmherzigkeit, Mut, Integrität, Verlässlichkeit, Entschlossenheit, Durchhaltevermögen und Hingabe, die an sich und von sich aus nicht unbedingt weltbewegend sind und dennoch die Welt in Bewegung setzen.

Meine Gedanken dazu:

1. Mose 12,1-9   **25. April**

Wenn Gott uns aus unserer Heimat in die Fremde führt, um uns zu führen, wohin er will, dann können wir uns rufen lassen. Wir können ganz sicher sein, dass wir bei ihm geborgen sind und dass sein Wunschplatz für uns gut sein wird. Das nennt die Bibel Glaube – Glaube an Gottes Worte. Menschen, für die Gottes Zusagen wahr sind, zweifeln nicht. Für sie gibt es keine andere Wahrheit, auf die sie sich verlassen können. Sie geben ihren Glauben an Gott nie auf – egal, was kommt (Lk. 21,28).

Meine Gedanken dazu:

Matthäus 14,13-21 **26. April**

Jesus begegnet Menschen mit einem weichen Herzen voller Liebe und tiefem Mitgefühl. Wenn er sieht, dass es uns Menschen nicht gut geht, dass wir hilflos und orientierungslos sind, ist er innerlich sehr bewegt. Unsere Not, unsere Sorgen und unsere Erlebnisse lassen ihn nicht kalt. Er leidet mit. Deshalb steckt er seine eigenen Bedürfnisse zurück und nimmt sich Zeit für unsere Bedürfnisse. Seine Reaktionen sind selbstlos. Sein Ziel ist nicht, selber ein glückliches und sinnvolles Leben zu leben, sondern auch, anderen dabei zu helfen, Glück und Frieden zu finden. Sehr nachahmenswert.

Meine Gedanken dazu:

5. Mose 8

Lukas 16,13

Matthäus 6,19-21

27. April

Geld macht Menschen nicht glücklich – egal, ob sie arm oder reich sind. Nahrung, Kleidung und ein Dach über dem Kopf sind zwar notwendig, aber auch diese Dinge reichen nicht. Um wirklich glücklich zu sein, muss noch eine Beziehung zu Gott und Dankbarkeit Gott gegenüber hinzukommen – ebenso wie auch die Beziehung zu anderen Menschen. Glücklich machen Gemeinschaft mit Gott und Dinge, die wir mit anderen gemeinsam erleben können: Singen oder Musizieren, zweckfreies Spielen oder zwangloser Austausch. Habsucht und Gier dagegen machen Gott den ersten Platz streitig und damit auch unser wahres Glück.

Meine Gedanken dazu:

 Matthäus 6,5-9a   **28. April**

Jesus hat uns gelehrt, unser Gebet mit „Unser Vater (Abba) im Himmel" zu beginnen. „Abba" ist eine volkstümliche und zärtliche Bezeichnung für Vater. Gott sucht Nähe und Vertrauen, keine Förmlichkeiten, geschwollene Ausdrücke oder kunstvolle Worte. Wir dürfen zu ihm kommen, wie ein Kind zu seinem Papa kommt: ehrlich, offen, vertrauensvoll und unkompliziert. Er freut sich, wenn wir uns auf ihn freuen und ihm mit unseren wenigen Worten sagen, was auf unserem Herzen ist.

Meine Gedanken dazu:

Johannes 5,28-29
Matthäus 7,8

29. April

Die Wiederkunft Jesu spielt in der Bibel eine zentrale Rolle, denn Jesus wird wiederkommen, „zu richten die Lebenden und die Toten", wie es im Apostolischen Glaubensbekenntnis steht. In der Bibel hat das Jüngste Gericht immer einen doppelten Ausgang: Für die einen führt er ins ewige Leben, für die anderen in den ewigen Tod. Es steht nicht in der Bibel, dass letztlich alle Menschen in den Himmel kommen. Jesus überlässt uns die Entscheidung für oder gegen ihn – für oder gegen sein Geschenk der Gnade. Er verspricht, dass jeder, der anklopft, eingelassen wird. Aber auch unser Nein wird akzeptiert. Unsere Entscheidung – ob ja oder nein – bleibt auch nach unserem Tod gültig.

Meine Gedanken dazu:

 Apostelgeschichte 15,36-41 **30. April**

Nicht jede Schwierigkeit muss zum „Aus" einer Beziehung führen. Probleme sind lösbar und Spannungen gestaltbar. Wenn wir mit Menschen in schwierigen Beziehungen leben, geht es nicht darum, den anderen ändern zu wollen oder zu müssen, sondern sich der eigenen Grenzen bewusst zu werden und diese auch anzunehmen. Wo das nicht gelingt, weil mehr erwartet wird, als wir geben können oder wollen, müssen wir manchmal getrennte Wege gehen. Keiner kann die Verantwortung für das Leben eines anderen übernehmen. Jeder ist für sich selbst verantwortlich. Gott segnet unseren Weg und den Weg des anderen.

Meine Gedanken dazu:

 Johannes 14 — *1. Mai*

Jesus ist großartig. In seinem Vorbild liegt die Kraft für unsere Veränderung. Er ist unser Retter. Er hat uns errettet und rettet uns immer noch. Jeden Tag ein bisschen. Deshalb ist er auch unser Herr. Mit Jesus als Retter und Herrn zu leben, heißt, alles durch die Jesus-Brille zu sehen: unser Leben, unseren Alltag, unseren Charakter, unser Umfeld, unsere Beziehungen und unsere Herausforderungen. So verlieren wir Jesus nicht aus den Augen und erleben ein Leben lang positive Veränderungen. So viele, dass wir selber zum Vorbild für andere werden.

Meine Gedanken dazu:

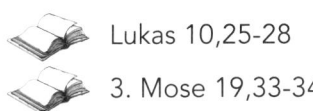 Lukas 10,25-28   **2. Mai**

3. Mose 19,33-34

Zu unseren „Nächsten" gehören nicht nur unsere geschätzten Partner, Verwandten, Nachbarn oder Arbeitskollegen. Schockierenderweise ist laut Jesus auch der Geringgeschätzte, Ausgestoßene, Unaufrichtige, Fremde, Ausländer oder Andersdenkende unser Nächster. Menschen, die ganz anders sind als wir, denen wir mit Vorsicht begegnen, vor denen wir Angst haben, gegen die wir eine Abneigung hegen oder die gegen uns sind, sind auch unsere Nächsten. Es geht nicht darum, wie wertvoll andere für uns sind, sondern wie wertvoll wir für sie sind.

Meine Gedanken dazu:

 Hebräer 11,1-34 **3. Mai**

Richtige Ethik kann den Glauben nicht ersetzen. Die Essenz der biblischen Botschaft ist das Evangelium, kein ethischer Forderungskatalog (Vers 6). Im Kern besteht es aus Zusagen Gottes, aus den Verheißungen, dass Gott den Menschen durch Jesus Christus gnädig sein will, ihnen ihre Schuld vergeben und ihnen ewiges Leben schenken will. Was von uns erwartet wird und wie unsere Verantwortung als Christ aussieht, das muss jeder für sich selbst erkennen, damit er Frucht bringt.

Meine Gedanken dazu:

 Jakobus 2,14-26 — **4. Mai**

Die Einheit von Glauben und guten Werken ist unzertrennlich wie Eis und Kälte. Das heißt nicht, dass wir die Welt verändern müssen, sondern dass wir dem folgen, was Gott uns persönlich aufs Herz gelegt hat. Wir dürfen nicht zulassen, dass in unserem Herzen eine Erkenntnis wächst über Gott, seinen Willen, seine Welt, unser Leben, unsere Begabungen, unseren Wohlstand oder unsere Möglichkeiten, und wir diese nicht unter die Menschen bringen. Herzensüberzeugungen führen zu Taten. Wenn wir eine Reformation im eigenen Herzen zulassen, öffnet sich eine Tür zur Veränderung der Welt.

Meine Gedanken dazu:

Lukas 5,1-11

5. Mai

Wer nicht wagt, gewinnt auch nicht. Wenn wir den Status quo überwinden wollen, brauchen wir täglich Mumm: Vertrauen, Entschlossenheit und Durchhaltevermögen. Mumm haben heißt, demütig im Vertrauen auf Gott unsere Träume und Vorhaben in Angriff zu nehmen. Mumm haben heißt, an Zielen dranzubleiben und sie zu Ende zu bringen, auch wenn nicht alles glatt läuft. Mumm haben heißt, wir packen etwas an, das Gott uns zumutet, auch wenn es uns völlig unlogisch scheint. So leben wir rein aus Gottes Gnade und nicht an ihm vorbei. So erleben wir Hoffnung statt Verzweiflung, Mut statt Angst, Offenheit statt Starrheit und Durchhaltevermögen statt Handtuch-Werfen. Unser Vertrauen zu Gott wird nicht enttäuscht.

Meine Gedanken dazu:

1. Samuel 17,1-58   **6. Mai**

 2. Timotheus 2,8-10

Glaube und Gottes Beistand machen konfliktfähig. Glaube weckt in uns das Bedürfnis, dass wir – mit Gottes Hilfe – für die Menschen, die Gott uns anvertraut hat oder mit denen wir uns auseinandersetzen müssen, diejenigen sind, die sie aus Gottes Sicht brauchen. Wichtig ist, dass wir diesen Menschen das geben, was sie nach Gottes Willen brauchen, sei es Liebe, Hilfe, Unterstützung oder Gegenwind (2. Petr. 1,10; Gal. 6,10). Beziehungen, in denen wir voneinander lernen und uns gegenseitig motivieren, bleiben lebendig und bringen uns weiter.

Meine Gedanken dazu:

 Markus 2,1-12 **7. Mai**

Wenn es uns nicht gut geht, wir nicht mehr in der Lage sind, unseren Aufgaben und Verpflichtungen nachzugehen, wir nur noch auf die Hilfe anderer Menschen angewiesen sind oder uns fragen, ob Gott uns überhaupt noch so gebrauchen kann, dann dürfen wir wissen: Gott hat unsere Situation zugelassen – jetzt zählt unser Vertrauen. Er wird uns einen neuen Weg zeigen. Auch für uns werden die Ziegel des Daches einer nach dem anderen aus dem Weg geräumt, wenn es sein muss. Für Gott gibt es immer Wege, wie wir an seine Hilfe gelangen können.

Meine Gedanken dazu:

 Epheser 4,2b + 3   *8. Mai*

Streit ist kein Unglück. Er lässt sich nicht vermeiden, weil die Gemeinde Jesu immer eine Gemeinschaft von Sündern ist (Lk. 22,24; Apg. 11,2 + 15,2). Immer wieder müssen wir unsere Position bestimmen, neu klären und an der Bibel prüfen. Immer wieder müssen wir einander ermahnen, ermutigen, trösten und korrigieren. Wenn wir es nicht unter Christen schaffen, Vergebung und Neuanfang möglich zu machen, wo sonst? Die Welt braucht lebendige Christen als Vorbilder und Hoffnungsträger.

Meine Gedanken dazu:

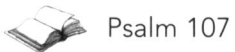 Psalm 107   **9. Mai**

„Yes, he can!" – Gott kann! Er kann uns vor Mobbing retten, er kann Verirrte auf Kurs bringen, Gefangene und Verängstigte befreien, Bedürftige versorgen, Kranke heilen, Stürme stillen, Herzen erleichtern, Wüsten zu Weiden und Steppen zu Quellen machen. Er kann Kinder, Glück und Gelingen schenken, er kann leere Herzen mit Freude und Hoffnung füllen. Wenn wir unsere Augen und Ohren aufmachen, werden wir erkennen, wie gut und gütig Gott ist (Vers 43).

Meine Gedanken dazu:

 2. Mose 20,8-11   **10. Mai**

Markus 2,27

In der Ruhe liegt die Kraft! Gott lädt uns zu seinem göttlichen Lebensrhythmus ein. Ein geheiligter und gesegneter Rhythmus, den wir feiern und genießen sollen. Wenn wir uns auf diese göttliche Ruhe einlassen, dann bekommen wir nicht nur eine Kraft, die weiter trägt, sondern wir geben eine Botschaft weiter, dass es uns nicht um uns und unsere Leistungen und Aktivitäten geht, sondern in erster Linie um Gott, der unser Mittelpunkt, Herr und Versorger ist.

Meine Gedanken dazu:

Matthäus 22,37

Offenbarung 2,4-5

11. Mai

Aus unserem Engagement und Erfolg kann schnell eine verhängnisvolle Routine ohne Leidenschaft werden. Deswegen ist es sehr hilfreich, wenn wir uns regelmäßig fragen: Liebe ich Jesus wirklich über alles? Mehr als Fitness, gute Ernährung, Ansehen, Geld oder Hobbys? Unsere Liebe zu Jesus muss immer wieder neu erkämpft werden: Wir müssen uns ständig freischaufeln von den Erwartungen, die wir an uns selber haben und die, die andere an uns stellen. Wenn wir das nicht tun, werden wir uns als Versager fühlen, wenn der Erfolg mal ausbleibt. Jesus zu lieben und mit ihm zu verweilen, ist eine Wohltat. Hier ist Liebe wichtiger als Leistungen, hier muss ich weder Jesus noch Menschen beeindrucken, nur lieben und dienen. Wie wohltuend.

Meine Gedanken dazu:

Habakuk 2,1-3+20 + 3,17-19 **12. Mai**

Es gibt Zeiten, in denen wir das Gute nicht sehen: Die langersehnte Lösung oder Veränderung lässt auf sich warten, ein Grund zur Freude fehlt, die Hoffnung oder das Vertrauen auf Gott, dass er gut ist, können wir nicht aufbringen. Aber nur, weil das Gute (noch) nicht erkennbar ist, heißt es nicht, dass es nicht existiert und nicht noch kommen wird. Gottes Verheißungen sind Realität. Alles, was er versprochen hat, wird Wirklichkeit zu seiner Zeit (Hebr. 11,1). Aus Gottes Sicht – aus der Perspektive der Ewigkeit – ist es nicht so wichtig, wie lange etwas auf sich warten lässt. Wichtig ist, dass er uns für das Warten und Erwarten seine Kraft schenkt.

Meine Gedanken dazu:

Römer 1,16

 **13. Mai**

 2. Timotheus 1,8

 1. Petrus 4,16

Zefanja 3,16-17

Gott hat uns befähigt, Licht in die Dunkelheit zu bringen und ihm, dem lebendigen Gott, zu dienen. Er ist es wert. Um diese Aufgabe in Angriff zu nehmen, brauchen wir ein gesundes Selbstbild und einen gesunden Selbstwert. Wir müssen den Mut haben, über unseren Schatten zu springen, und den Willen haben, von unseren Unzulänglichkeiten wegzuschauen – hin auf das, was Jesus durch uns tun will. Wenn wir uns Gott zur Verfügung stellen und unser Leben sinnerfüllt ist, wird es uns weniger wichtig sein, was andere über uns denken.

Meine Gedanken dazu:

 Matthäus 7,12

Lukas 6,27-35

14. Mai

Der gesunde Menschenverstand lehrt uns – ebenso wie auch die Liebe –, dass wir das für andere tun sollen, was wir uns auch für uns selber wünschen. Diese demütig-mutige Einstellung ist die Grundlage für christliches Handeln. Jede Aktivität sollte freiwillig, mutig und verantwortungsvoll um Gottes und der Menschen willen geschehen. Das ist Zivilcourage. Wenn wir Gott so sehr lieben, dass wir unseren Nächsten nicht bestehlen, betrügen, ausnutzen, verleumden, anfeinden oder verfluchen, sondern für ihn beten, ihn segnen und ihm helfen, im Leben voranzukommen, dann ergibt sich eine Win-win-Situation: Unser Nächster wird durch unser Leben profitieren und wir von Gottes Segen.

Meine Gedanken dazu:

Psalm 27,4

15. Mai

 1. Petrus 1,16

 1. Thessalonicher 4,3

Der stille Blick auf Gott, sein Wesen und sein Herz ist wichtig und lebensverändernd. Er hilft uns zu erkennen, dass Gott nicht nur ein Gott der Liebe, Gnade, Vergebung, Fürsorge, Hilfe und Heilung ist, sondern auch ein heiliger Gott. In der Stille begegnen wir ihm als unbegreiflich herrlich und zugleich furchterregend heilig. Dieser Blick macht uns klar, was für ein großes Vorrecht es ist, Gott als unseren Herrn zu haben. Jemand, der nicht nur da ist, damit es uns allezeit gut geht, sondern der uns selber führt und anleitet zu einem geheiligten Lebenswandel. Ein Lebensstil, der ihm gefällt und der sehr anziehend ist.

Meine Gedanken dazu:

2. Timotheus 3,10-17 — **16. Mai**

Regelmäßig die Bibel zu lesen, kommt dem Besuch einer Lebensschule gleich. Es rüstet uns aus für all unsere Aufgaben und Dienste. Alle Bibeltexte – ob im Alten oder Neuen Testament – sind nützlich für die Unterweisung im Glauben, für Korrektur und Fortschritte. Sie machen uns zum Vorbild, was unseren Glauben, unsere Ziele, Werte, Lebensführung, Geduld, Liebe, Standhaftigkeit oder Durchhaltevermögen in schweren Zeiten betrifft. Bibellesen heißt, sich verändern lassen, Schuld einzugestehen und sich von Gott prägen zu lassen.

Meine Gedanken dazu:

1. Thessalonicher 3,1-13 **17. Mai**

Wenn jemand uns anklagen würde, Christ zu sein – gäbe es genügend Beweise, uns zu überführen? Zum Beispiel, dass wir gute, liebevolle und verbindliche Beziehungen zu anderen Menschen pflegen? Dass wir den Glauben bewahren und an Jesus festhalten – in guten und schlechten Zeiten? Dass andere Freude erleben, wenn sie von uns hören, oder sich nach uns sehnen, wenn wir mal nicht bei ihnen sein können? Dass wir im Glauben kontinuierlich wachsen? Fakt ist, dass Gottes Wort und die Gebetsunterstützung anderer Menschen so viel Macht haben, bei uns Veränderungen zu bewirken, dass an unserem Glauben nichts mehr fehlt.

Meine Gedanken dazu:

2. Timotheus 1,3-10 — **18. Mai**

Jesus macht uns stark durch seine Gnade. Er macht uns stark für unseren Alltag, unsere Beziehungen, unsere Dienste, für die Weitergabe unseres Glaubens und für schwere Zeiten des Leidens. Manchmal wäre es gut zu sehen, wie alles wäre, wenn wir Jesus nicht hätten. Was wäre, wenn wir nicht seine Anteilnahme, Aufmerksamkeit, Freundlichkeit, Zuneigung, Zuwendung, Gunst, Barmherzigkeit, Milde, Nachsicht, Fürsorge, Großzügigkeit, sein Mitleid, Wohlwollen, Entgegenkommen, seinen Erfolg und Segen hätten. Oder anders formuliert, wenn wir nicht seine Gnade hätten. Dann würden wir sehen, dass wir ohne seine Hilfe manche Aufgaben nicht hätten bewältigen und manche Menschen kaum oder gar nicht hätten ertragen können.

Meine Gedanken dazu:

 Galater 6,1-5   *19. Mai*

Die Verbindlichkeit der Christen innerhalb einer christlichen Gemeinschaft ist ein göttliches pädagogisches Konzept. Weil wir unvollkommene Menschen sind, brauchen wir die Gemeinschaft der Christen – eine Gemeinde. Ein Ort, wo wir Korrektur geben und annehmen, wo wir die Lasten anderer tragen und getragen werden, wo wir lernen, uns und andere so zu sehen, wie Gott uns und andere sieht, wo wir unseren Platz einnehmen und auf dem Boden bleiben. Wer mit Jesus lebt, kann mit anderen leben.

Meine Gedanken dazu:

1. Korinther 4,6-13   **20. Mai**

Eine realistische Selbsteinschätzung ist entscheidend. Tatsache ist, dass alles, was wir sind, haben und können, ein Geschenk von Gott ist. Auch wenn wir von vielen Menschen bewundert werden, müssen wir in der Lage sein, uns nicht so wichtig zu nehmen, den unteren Weg zu gehen und als einfältig und schwach wahrgenommen zu werden. Wer sich zu Jesus hält, muss manchmal hart arbeiten, auf manches verzichten, andere segnen, die ihn verfluchen, nicht aufgeben, obwohl er verfolgt wird, freundlich bleiben, obwohl er beschimpft wird. Um nicht durch falsche Erwartungen oder Anspruchsdenken frustriert zu werden, brauchen wir die richtige Einstellung zum Leben. Diese Einstellung lernen wir von Jesus.

Meine Gedanken dazu:

 1. Korinther 6,9-11   **21. Mai**

Römer 1,18-32

Es gibt tatsächlich einen Sündenkatalog in der Bibel! Eine Auflistung von Dingen, die wir hinter uns lassen sollen, wenn wir Jesus angenommen und den Heiligen Geist empfangen haben. Wir müssen nicht mehr so leben wie früher, sondern wir können uns an Jesus orientieren. Die Gemeinde Jesus ist der Ort, wo das Reich Gottes beginnt, wo Gott wohnt. Sie funktioniert als Organismus in sich: Hier kann Verantwortung geteilt, Freude vermehrt, Armut abgeschafft, Not gelindert, Ungerechtigkeit ausgemerzt, Trauer getragen und Streit geschlichtet werden – und vieles andere mehr.

Meine Gedanken dazu:

 Matthäus 11,25-30   **22. Mai**

Lebenskrisen sind nichts Ungewöhnliches – egal, welche Auslöser und Auswirkungen sie haben. Sie zu verdrängen, hilft nicht. Irgendwann streiken Körper, Geist und Seele. Sie machen uns aufmerksam auf das, was nicht in Ordnung ist. Wir werden quasi gezwungen, mit uns und dem Leben neue Wege zu gehen, damit wir unsere Lebensenergie wieder zurückgewinnen. Neue Geborgenheit, Halt und Führung in schweren Zeiten finden wir in der Gottesbeziehung. Das nimmt uns die Angst vor dem Leben.

Meine Gedanken dazu:

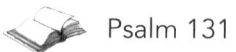 Psalm 131   **23. Mai**

Nicht unsere Aufgaben und Dienste, zu denen wir berufen und befähigt sind, machen uns krank, sondern ein zu großes Maß an Fremdbestimmung oder zu viele und zu weit gesteckte Ziele, die wir uns selbst auferlegen. Eine gesunde Balance erreichen wir, wenn wir in Entscheidungssituationen die eigene Freiheit in den Fokus nehmen und uns ein „Nein" erlauben. Etwas Spielraum ist an jedem Tag drin; etwas Zeit, in der wir mehr selbstbestimmt und „jesusbestimmt" leben und tatsächlich zur Ruhe kommen.

Meine Gedanken dazu:

 Matthäus 3,1-12   **24. Mai**

Gott bereitet alles vor, damit wir ihn erkennen können, wenn er uns persönlich in seinem Sohn Jesus Christus begegnen möchte. Damit der Weg zu unseren Herzen für diesen Augenblick frei ist, braucht Gott bestimmte Menschen in unserem Leben. Menschen, die sich zu einhundert Prozent einbringen und sich für diesen guten Zweck stark machen. Menschen, die nicht auf sich aufmerksam machen wollen, sondern auf Jesus, der ewiges Leben schenkt. Ein sehr sinnvolles Lebensziel mit passendem Lebensstil.

Meine Gedanken dazu:

 **25. Mai**

Matthäus 16,13+15

Lukas 10,26

Markus 12,16

Johannes 5,6

Richtige Fragen haben Macht. Sie können wichtiger als die Antwort sein und mehr erreichen als eine lange Rede. Sie können uns auch infrage stellen. Wenn uns die richtigen Fragen zur rechten Zeit gestellt werden, müssen wir die richtige Antwort herausfinden. Wir sind herausgefordert, uns auf das Wesentliche des Problems oder Themas zu konzentrieren, nicht auf das Oberflächliche. Die Frage ist, ob wir uns von Jesus infrage stellen lassen. Berühren seine besorgten Fragen unser Herz?

Meine Gedanken dazu:

 Epheser 6,10-20　　　　　　26. Mai

Es ist tatsächlich möglich, Widerstand zu leisten gegen böse Angriffe. Wenn wir falsche Gedanken, verletzende Worte, schlechten Einfluss und Versuchungen jeglicher Art von uns abprallen lassen wollen, dann brauchen wir regelmäßig den Einfluss Gottes. Wer regelmäßig die Bibel liest, Gottes Wahrheiten verinnerlicht, auf das Reden des Heiligen Geistes hört und die Fürbitte anderer in Anspruch nimmt, dessen Glaube wird immer stärker und Gottes Wille in ihm gefestigt. Das Böse hat dann keine Chance (Jak. 4,7).

Meine Gedanken dazu:

 Richter 4-5   **27. Mai**

Gott hält nichts vom Kampf der Geschlechter. Als er den Menschen als Mann und als Frau geschaffen hat, wollte er nicht, dass wir miteinander im Wettbewerb stehen oder so leben, als würden wir einander nicht brauchen. Im Gegenteil: Er möchte, dass Männer und Frauen Hand in Hand, Seite an Seite ihn widerspiegeln, ihn verherrlichen und seine Absichten vor Augen behalten. Zusammen sind wir stark und können unglaubliche Dinge in Gottes Reich bewegen.

Meine Gedanken dazu:

Hiob 1,1-22
Hiob 2,10
Hiob 42,1-16

28. Mai

Den Teufel gibt es wirklich. Er ist der Grund dafür, dass es so viel Elend auf dieser Erde gibt. Sein Hauptziel ist es, Menschen von Jesus zu entfremden. Aber er hat nicht das letzte Wort. Was er will oder nicht will, ist weder endgültig noch entscheidend. Er ist wie an eine Hundeleine gekettet und kann nur so weit gehen, wie Gott es zulässt. Und das, was Gott auf dieser Erde oder in unserem Leben zulässt oder auch nicht zulässt, kann beides sein: Gnade Gottes für den einen und gleichzeitig ein Urteil Gottes für den anderen. Jesu Lebens- und Leidensweg und seine Auferstehung sind das beste Beispiel dafür.

Meine Gedanken dazu:

 2. Mose 18,13-27   **29. Mai**

Unsere langfristigen verantwortungsvollen Aufgaben nehmen normalerweise ständig zu – nicht aber unsere Zeit. Wichtig ist, dass wir bei den Anforderungen, die an unser Leben gestellt werden, Prioritäten setzen und immer wieder neu zwischen den Jas und Neins abwägen und uns fragen: Wie weit kann oder muss ich gehen, um meine Ziele zu erreichen? Wie kann ich effizienter und effektiver arbeiten? Wer sind die Menschen, mit denen ich durchs Leben gehe? Nicht zuletzt müssen wir uns auch die stillen, nagenden Fragen stellen: Wie kann ich ein besserer Mensch werden? Wie viel Zeit für Kontemplation und geistliche Erneuerung will ich investieren?

Meine Gedanken dazu:

 Matthäus 25,31-46   **30. Mai**

 Matthäus 7,13-14

Am Ende der Zeiten gibt es die große Scheidung im Weltgericht: Manche Menschen gehen zum ewigen Leben, die anderen zur ewigen Strafe. Jesus – der die Liebe Gottes in Person ist – wirbt leidenschaftlich dafür, dass wir durch die „enge Pforte" gehen, die zum Leben führt. Er warnt vor der „breiten Straße", die in die ewige Verdammnis führt. Das heißt, es gibt tatsächlich eine Verdammnis, aber auch eine Rettung davor: Jeder Mensch ist herzlichst eingeladen, sich mit Gott durch Jesus Christus zu versöhnen (1. Tim. 2,4-6).

Meine Gedanken dazu:

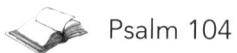 Psalm 104   **31. Mai**

Menschen, die Freude an Gott haben, gehen mit offenen Augen durch die Welt. Sie sind neugierig und entdecken dabei – ob zu Hause oder in der Ferne – die Größe Gottes, die Schönheit seiner Schöpfung und die Vielfältigkeit seiner Geschöpfe. Sie werden zum Staunen und zum Danken angeregt und gewinnen dabei einen neuen Glanz für ihren Alltag. Aber sie begegnen auch den Schattenseiten dieser Welt, der Not und dem Elend vieler Menschen und der Zerstörung der Schöpfung Gottes. Auf ihrem Weg lernen sie, diese nicht zu ignorieren, sondern sich auch dafür einzusetzen.

Meine Gedanken dazu:

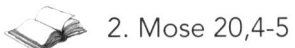 2. Mose 20,4-5   *1. Juni*

Die Bibel gibt uns viele verschiedene Bilder von Gott. Jedes Bild im Alten und Neuen Testament beleuchtet einen Aspekt Gottes. Aber Gott ist mehr und größer als nur ein Bild. Wenn wir ihn nur auf einen oder wenige Aspekte festlegen, dann haben wir ein verzerrtes oder sogar falsches Bild von Gott. Solch ein selbst gemachtes Gottesbild wird Gott nicht gerecht und führt uns in die Irre.

Meine Gedanken dazu:

 Psalm 127,1-2   **2. Juni**

Gott erwartet nie mehr von uns, als er uns zuvor selbst gegeben hat. All unser Sorgen und Grübeln hilft uns nicht, länger zu leben, mehr Erfolg zu haben oder ans Ziel zu kommen. Unser mühsames Abstrampeln von früh bis spät ist nicht entscheidend für unser Glück und unser Vorankommen. Wir dürfen wissen, dass Gott uns Pausen gönnt. Auch wenn wir sehr viel zu tun haben und vor großen Herausforderungen stehen, schenkt er uns Ruhezeiten und vor allem die Nacht, in der er uns im Schlaf das gibt, was wir für den nächsten Tag brauchen.

Meine Gedanken dazu:

 Matthäus 7,6   **3. Juni**

Es gibt Menschen, die nicht das Gleiche mögen und schätzen wie wir. Menschen, die nur lachen und abwertend über das reden, was uns wichtig und für uns entscheidend und heilig ist – wie zum Beispiel das Evangelium von Jesus. In solchen Fällen ist es besser zu schweigen, anstatt diesen Menschen die Möglichkeit zu bieten, über Gott und seine Frohe Botschaft zu lästern. Diese Haltung hat nichts zu tun mit Feigheit oder mangelnder Liebe für diejenigen, die Gott noch nicht kennen, sondern zeigt Ehrfurcht vor dem heiligen Gott.

Meine Gedanken dazu:

 Jesaja 5,1-7 **4. Juni**

Gott investiert ganz viel in unser Leben. Er sorgt für uns wie ein Winzer für seinen Weinberg, wie ein Gärtner für seinen Garten. Er schützt und versorgt uns und stellt uns alles zur Verfügung, was wir für uns und unsere Zukunft brauchen. Er schafft auch gute Voraussetzungen für uns, damit wir ihm und anderen Menschen dienen können. Im Gegenzug erwartet er, dass wir uns für ihn und sein Reich stark machen und gute Früchte hervorbringen.

Meine Gedanken dazu:

 Matthäus 3,13-17   **5. Juni**

„Wenn Gottes Willen zu unserem Willen wird, dann bekommen wir unseren Willen!" Egal wie komisch und unangebracht eine Bitte von Gott uns erscheinen mag, sie ist trotzdem ein Teil von Gottes Plan für unser Leben. Seine Pläne funktionieren immer wunderbar, wenn wir unseren Teil dazutun. Wichtig ist, dass wir nicht an unseren Erwartungen und Vorstellungen im Leben festhalten, sondern an Gott. Gott liebt und schätzt uns und möchte uns gebrauchen als Menschen, die seine Wünsche in den Mittelpunkt stellen – ob wir sie nachvollziehen können oder nicht.

Meine Gedanken dazu:

2. Korinther 12,1-10   **6. Juni**

All unser Können und Nichtkönnen ist nicht ausschlaggebend. Allein Gottes Gnade hat die Macht, auf wundersame Weise in und durch unser Leben zu wirken. Nur Gottes Gnade kann retten, helfen, stärken, führen, befähigen, trösten oder ermutigen. Dabei kommt er nicht wie Superman in unser Leben, sondern eher ganz unmerklich und leise. Aber er kommt. Er kommt zu uns in unserer Schwachheit, so wie er zu dem leidenden Jesus am Kreuz kam und ihm Auferstehungskräfte verlieh.

Meine Gedanken dazu:

Jesaja 28,14-22 — **7. Juni**

Es ist Gott nicht egal, wenn wir ihn unterschätzen, ignorieren oder selbstsicher belächeln. Er schaut nicht weg, wenn wir unser Leben auf Lügen aufbauen. Er schweigt nicht für immer, wenn wir uns hochmütig einbilden, dass wir ihn nicht brauchen. Weil er uns liebt, warnt er uns vor solch einem Selbstbetrug. Unser wahrer Halt ist in Jesus und bleibt in Jesus – der starke, kostbare Eckstein, der allen Stürmen standhält. Ob wir wirklich Halt im Leben haben, zeigt sich spätestens, wenn uns ein Unglück trifft.

Meine Gedanken dazu:

 Jesaja 7,1-9   *8. Juni*

„Speise dein Vertrauen in Gott und deine Ängste verhungern!" Gott ist es, der uns hilft, ruhig zu werden. Wenn wir Angst vor Anfeindungen, Angriffen oder vor einer schwierigen Auseinandersetzung haben, dann lautet sein Rat: ruhig bleiben, nicht in Panik geraten und nicht weich werden vor dem Zorn des anderen, sondern auf IHN vertrauen. Seine rettende Macht steht über den bösen Plänen der Angreifer. Er kann alles zum Guten wenden.

Meine Gedanken dazu:

Jesaja 33,17-24 **9. Juni**

Gott ist der König aller Könige, der größte Helfer aller Zeiten und der Herrscher über Himmel und Erde. Eines Tages können wir ihm in seiner ganzen Pracht und Schönheit persönlich begegnen, mit ihm zusammen wohnen und unsere Feste fröhlich feiern. Dann kommt die Welt endlich in Ordnung, und die Schrecken unserer Vergangenheit werden vergessen sein. Um dieses traumhafte Ziel zu erreichen, müssen wir uns zu Lebzeiten Vergebung unserer Sünde von Gott schenken lassen, damit nichts mehr zwischen uns und Gott steht und alle Türen zur neuen Welt offen sind.

Meine Gedanken dazu:

 1. Korinther 12,1-11   **10. Juni**

 1. Korinther 3,5-8

Keiner kann alles und keiner soll alles. Nicht jeder kann eine Veranstaltung organisieren, Werbung erstellen, ein Buffet zusammenstellen, Musik machen oder einen Vortrag halten. Mit manchen Aufgaben wären wir völlig überfordert. Wie gut, dass es für jede Aufgabe Menschen mit entsprechenden Begabungen gibt. Zusammen, als Werkzeuge Gottes, erfüllen wir gemeinsam Gottes Auftrag und verlassen uns dabei auf sein Wirken. Entscheidend ist nicht, wer welche Aufgabe erfüllt, sondern wie wir sie erfüllen: so, dass Jesus dargestellt wird. Dann ist Wachstum von Seiten Gottes vorprogrammiert.

Meine Gedanken dazu:

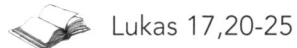 Lukas 17,20-25   **11. Juni**

Gottes Reich besteht in der Person Jesus Christus und ist überall dort zu finden, wo Jesus regiert und der Heilige Geist etwas Neues schafft. Gottes Reich ist dort, wo wir Gottes Liebe erfahren, wo Menschen nach Gott fragen und seinen Willen tun – ob am Sonntag in der Kirche oder am Montag bei der Arbeit. Das Wachsen von Gottes Reich ist nicht abzulesen an Besucherzahlen, finanziellem Gewinn oder an der Akzeptanz innerhalb der Gesellschaft oder in den Medien, sondern es passiert in unserem Leben, in unserer kleinen Welt – da, wo wir mit Gott unterwegs sind, ihn widerspiegeln und sein Reich mitgestalten.

Meine Gedanken dazu:

 Psalm 58 — **12. Juni**

Es gefällt Gott, wenn wir Unrecht nicht dulden und mit ihm ganz offen und ehrlich darüber reden. Er selber duldet grundsätzlich kein Unrecht und sorgt dafür, dass das Recht bereits auf Erden – nicht erst im Himmel – nicht verstummt (Vers 12). Er lässt es nicht zu, dass böse Menschen ihre Mitmenschen endlos ungerecht behandeln. Menschen, die wissentlich Böses tun, erleben zu ihrem Leidwesen, dass sie einem gerechten Gott gegenüberstehen, der eingreift. Sie erleben, dass sie nicht unbegrenzt so weiterleben können, wie sie wollen, und dass ihre Pfeile nicht ans Ziel kommen. Und diejenigen, die Unrecht erleiden, erfahren, dass Gott in der Lage ist, ihr Recht wiederherzustellen.

Meine Gedanken dazu:

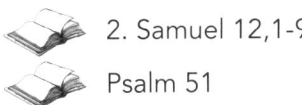 2. Samuel 12,1-9

Psalm 51

13. Juni

Die Bibel berichtet schonungslos ehrlich von den Verfehlungen unserer größten biblischen Helden, die Gott liebte und die er gebrauchte. Es ist, als wollte Gott uns sagen: „Wenn ich durch diese Menschen, die ihre Fehler erkannt und Vergebung bekommen haben, wunderbare Ziele erreichen konnte, dann stellt euch vor, was ich alles mit und durch euch tun kann!" Gottes Macht und seine Gnade sind größer als all unsere Fehler. Das soll uns eine Ermutigung sein, Gott alles anzuvertrauen.

Meine Gedanken dazu:

 Matthäus 1,18-25   **14. Juni**

Gott ist gut für Überraschungen. Manchmal greift er unerwartet in unser Leben ein – gerade dann, wenn wir es am wenigsten vermuten. Manchmal ist sein Wirken so unscheinbar oder sein Auftrag an uns so anders als alles, was wir von ihm erwartet haben, dass wir ihn als Drahtzieher nicht gleich erkennen. Entscheidend ist, dass wir bereit sind, Gott zu empfangen und dort zu dienen, wo wir und andere uns vielleicht nicht vermutet haben.

Meine Gedanken dazu:

2. Mose 20,13 **15. Juni**

Gott ist für das Leben und dagegen, dass es im Mutterleib getötet wird – egal, wie es gezeugt worden ist, denn dafür kann man einem Kind nicht die Schuld geben. Es geht nicht nur um das Leben im Mutterleib, sondern auch um das Leben auf dieser Erde. Ein Leben darf vom Mutterleib bis zum Grab nicht durch Abtreibung, Mord oder Euthanasie beendet werden.

Meine Gedanken dazu:

 Johannes 3,16   **16. Juni**

Gott hat seine Liebe zu uns in Jesus Christus offenbart. Jesus hat uns vorgelebt, wie Gott sich eine Beziehung zu uns Menschen vorstellt. Durch seinen Tod am Kreuz hat er unsere Schuld auf sich genommen und uns damit den Zugang zu Gott geschaffen. Wer sich auf Jesus Christus einlässt, erlebt Geborgenheit, Hoffnung und Liebe. Er erlebt, dass er einen Wert bekommt, der nicht veränderbar ist. Der Wert einer Sache macht sich daran fest, was jemand bereit ist, dafür zu zahlen. Gott war bereit, für uns seinen eigenen Sohn in den Tod gehen zu lassen. So viel ist jeder von uns ihm wert! Menschen, die ihr Leben auf Gottes Wertschätzung aufbauen, werden gebraucht, denn sie geben anderen Menschen Orientierung und bewirken Veränderung.

Meine Gedanken dazu:

 Matthäus 2,13　　　　　　　　**17. Juni**

Manchmal führt Gott uns auf lange, unbekannte Wege und an seltsame Orte, die nicht unseren Plänen entsprechen. Für uns scheinen sie zunächst unlogisch und zeitlich unpassend. Trotzdem entpuppen sie sich als ein Zufluchtsort in kritischen Lebensphasen, und wir verstehen im Nachhinein Gottes Beweggründe für seine Führung. Gott folgen heißt, dass wir nicht an einem festgefahrenen Lebensstil oder Lebensrhythmus festhalten, sondern flexibel bleiben und unsere eigenen Träume riskieren.

Meine Gedanken dazu:

2. Mose 9,13-35　　　　*18. Juni*

Wenn Gott uns durch unsere Berufung hervorhebt und uns auffallend gebraucht und segnet, tut er das nicht, damit jeder auch noch nach unserem Tod weiß, wer wir einst waren, sondern damit jeder wissen wird, wer er ist. Unsere Namen werden in der Geschichte irgendwann untergehen, aber Gottes Name wird auf der ganzen Erde bekannt sein. Darum geht es.

Meine Gedanken dazu:

 Jesaja 26,7-9   **19. Juni**

Kein Mensch kann sein Leben langfristig alleine meistern. Dafür brauchen wir Gott, der über uns steht. Wir brauchen seine Gebote, Grundwerte und Anweisungen. Wir müssen uns von unserem Schöpfer sagen lassen, was gut und böse ist. Jeder, der Gott vertraut und sein Leben auf Gottes Willen aufbaut, ist auf einem guten Weg. Ein Lebensweg, auf dem er Gottes Hilfe und Korrektur bekommt und gute Ziele erreicht. Ein Weg, der über den Tod hinaus trägt.

Meine Gedanken dazu:

 Matthäus 4,1-11   **20. Juni**

Gott lässt geistliche Prüfungen in unserem Leben zu – auch die schweren. Dabei werden wir herausgefordert, uns bewusst zu entscheiden, wie wir in Zukunft leben und wem wir dienen wollen: Möchten wir Abkürzungen nehmen oder doch den vollen Preis bezahlen, um Jesus nachzufolgen? Durch Gottes Wort und durch die Hilfe des Heiligen Geistes können wir uns für ein Leben entsprechend Gottes Erwartungen entscheiden – und das ohne Kompromisse. Wenn Jesus Versuchungen erfolgreich widerstehen konnte, können wir es auch durch Gottes Hilfe – auch wenn wir uns ihnen mehr als einmal stellen müssen (Hebr. 2,28 + 4,15).

Meine Gedanken dazu:

Lukas 18,35-43

Sprüche 16,1-3

21. Juni

Gott zeigt uns nicht immer einen perfekten Masterplan für unser Leben, dem wir folgen sollen. Stattdessen hilft er uns, in Kontakt zu kommen mit unseren Sehnsüchten, und ermutigt uns dazu, unser Leben zu gestalten. Er ist an dem interessiert, was uns gefällt. Er will wissen, was unsere Pläne sind. Dafür müssen wir aber wissen, was wir wollen. Wir müssen wissen, wofür wir bekannt sein wollen, was wir erreichen und wem wir dienen wollen. Bei diesen Entscheidungen lässt er uns nicht allein, sondern bietet uns seinen Rat und seine Führung an. Auch wenn wir eine Fehlentscheidung getroffen haben, dürfen wir wissen: Gott kann aus allem etwas erstaunlich Gutes machen.

Meine Gedanken dazu:

 Hebräer 2,1

Lukas 9,23

22. Juni

Wie wir unser Leben planen, hat Einfluss darauf, wie wir unsere Prioritäten festlegen. Andersherum ist es genauso, denn wie wir unsere Prioritäten festlegen, hat Einfluss auf den Verlauf unseres Lebens. Jesus nachfolgen und tun, was Gott will, ist ein Ziel, das zu einem ausgewogenen Lebensstil und einem guten Lebensrhythmus führt. Wenn wir unser Leben langfristig entsprechend dieses Ziels gestalten wollen, müssen wir uns regelmäßig fragen: Wer oder was hat eine übergeordnete Rolle in meinem Leben – bestimmte Menschen, meine Gesundheit oder Sachwerte? Solch eine Revision ist notwendig, um auf Kurs zu bleiben.

Meine Gedanken dazu:

 Markus 12,41-44   **23. Juni**

Gott sieht alles. Er sieht die kleinen und großen Spenden, die wir für den Bau seines Reiches geben. Er registriert alles, was wir an Zeit, Kraft, Gaben oder Geld opfern. Er weiß, wer nur ein bisschen aus seinem Überfluss oder etwas aus Pflichtgefühl gibt, aber er weiß auch, wer aus großer Liebe und Dankbarkeit ihm gegenüber sein „letztes Hemd" gibt. Das Letztere wird von Gott hoch gelobt und uns zur Nachahmung empfohlen.

Meine Gedanken dazu:

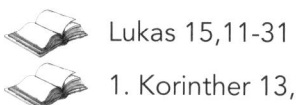 Lukas 15,11-31

24. Juni

1. Korinther 13,7

Gott ist sehr freundlich und geduldig. Er kann warten – lange warten. Er steht nicht unter Zeitdruck. Weil er uns so sehr liebt, gibt er die Hoffnung niemals auf, dass wir seine Liebe erwidern. Für Gott ist Warten keine verlorene Zeit, sondern uns geschenkte Zeit. Zeit, um Erkenntnis, Einsicht, Durchblick und Weisheit zu gewinnen. Zeit und Raum, in denen Umkehr, Veränderung, Fortschritt und Heilung bei uns stattfinden kann.

Meine Gedanken dazu:

Josua 4,1-25   **25. Juni**

Gott stellt uns immer wieder vor neue Aufgaben oder neue Lebenswege. Wenn wir uns mit ihm auf den Weg machen, mutig Schritt für Schritt vorwärts gehen, dran bleiben, durchhalten, durchkommen und das Ziel erreichen, haben wir viel Grund zur Freude und zum Danken. Danach gilt: das Kapitel abschließen, loslassen, nach vorne schauen, getrost weitergehen und neue Ufer mit Gott entdecken.

Meine Gedanken dazu:

 Psalm 32   **26. Juni**

Über das Thema Sünde dürfen wir nicht schweigen, denn die Erlösung von dem, was uns kaputt macht, bringt Heilung und Befreiung. Sünde ist Misstrauen gegenüber Gott. Es ist die Unfähigkeit, sich von Gott lieben zu lassen. Wer sich von Gott nicht annehmen, lieben und vergeben lässt, wird nicht so leben, wie es Gott gefällt. Wenn wir uns mit Jesus Christus vergleichen, erkennen wir, wie Gott uns eigentlich haben möchte. Solange wir glauben, wir brauchen keine Heilung und Befreiung durch Jesus Christus, haben wir nicht wirklich mit Gott zu tun und werden nicht leben und lieben wie Jesus.

Meine Gedanken dazu:

Philipper 4,4-7

1. Thessalonicher 5,16

27. Juni

Es ist tatsächlich möglich, trotz Leid, Mängeln, Einschränkungen, Unglück, Anfeindungen, harter Arbeit oder Krankheit (2. Kor. 12,7) fröhlich zu sein. Wenn das nicht so wäre, würde dieser Aufruf zur Freude nicht in der Bibel stehen. Diese grundsätzliche Freude im Leben bekommen wir aber nur, wenn wir auf Gott schauen und nicht auf unsere Freudenfresser. Durch Bibellesen und das Gebet werden wir durch den Heiligen Geist getröstet und bekommen ungeahnte Kräfte, die Frieden und Freude bei uns auslösen.

Meine Gedanken dazu:

 Epheser 6,4 **28. Juni**
Sprüche 22,15

Kinder wollen erzogen werden. Es muss eine Selbstverständlichkeit sein, dass Eltern ihre Kinder erziehen und das Familienleben gestalten. Kinder brauchen Lebensanforderungen, Verpflichtungen, Aufgaben und Erziehung zur Eigenverantwortlichkeit. Disziplinen müssen eingeübt werden und Interessen und Gaben müssen in den richtigen Bereichen gefördert werden. Kinder müssen lernen, mit Grenzen und Konsequenzen zu leben, damit sie nicht zu Leistungsverweigerern werden. Dafür müssen Eltern mit ihren Kindern Gemeinschaft pflegen, sie liebevoll und konsequent anleiten, führen, korrigieren und loben.

Meine Gedanken dazu:

Markus 10,17-31

29. Juni

Im Gespräch mit am Glauben interessierten Menschen sollte es uns nicht darum gehen, ihnen vorzuschreiben, wie sie zu leben haben. Es sollte uns um die Verantwortung gehen, die wir vor Gott und seinem Wort haben, und auch darum, was das für unser Zeugnis und unsere Verkündigung bedeutet. Wir können niemandem die Entscheidung abnehmen, wie er leben möchte. Aber wir müssen den Menschen sagen können, was wir ihnen aus unserer und aus Gottes Sicht zu sagen haben, damit sie eine Entscheidung für sich treffen können. Gegenpositionen sollten wir würdigen, ohne unsere eigene zu verlieren oder zu verschweigen.

Meine Gedanken dazu:

 Psalm 119,1-8.33-40   **30. Juni**

Das allerhöchste Glück im Leben finden Menschen, die mit ganzem Herzen nach Gott fragen und sich bemühen, seinem Willen zu folgen. Glück und Glückseligkeit finden Menschen, die Gott ernst nehmen, die vorsichtig sind und nicht Erkenntnisse über Bord werfen, die sich bewährt haben. Sie halten unbeirrbar an Gottes Wort fest, und das nicht, weil es schon immer so war, sondern weil Gottes Wort dauerhaft gültig ist. Das hat nichts mit Borniertheit zu tun oder damit, sich der Gegenwart oder Zukunft zu versperren, sondern mit Zufriedenheit, Sinn und Glück.

Meine Gedanken dazu:

Matthäus 13,31-33

1. Juli

Jesus ist König und hat ein Königreich. Aber Gottes Reich ist anders als ein menschliches Königreich, Land oder Staat (Joh. 18,36). Gottes Reich erobert nicht Länder, sondern Menschenherzen. Es wächst nicht als politische Macht, sondern als eine Botschaft von Vergebung und Versöhnung in unseren Herzen. Es ist wie gute Saat, die uns nicht aufgezwungen, sondern als frohe Botschaft in uns hineingesät wird und unsere Welt auf den Kopf stellt. Sie wächst von selbst, wenn wir die Botschaft verstehen wollen und Gottes Wort zur Priorität in unserem Leben machen.

Meine Gedanken dazu:

 Epheser 4,17-24 — **2. Juli**

Mittelmäßigkeit liegt in der Natur des Menschen. Wie oft reden wir uns ein, dass Integrität, Echtheit und Moral relativ sind? Wie oft denken wir: Warum soll ich mutig vorangehen und anders leben, wenn ich sowieso auf Missverständnis und Spott stoße? Jesus ließ es nie zu, dass irgendeine Mehrheitsmeinung seine Maßstäbe formte. Seine Einstellungen und sein Handeln passten immer zu dem, was er über Gott gelernt hatte. Er suchte auch nicht die Anerkennung irgendwelcher Menschen, sondern Gottes Anerkennung und hatte nie Angst, zu seinen Überzeugungen zu stehen. Er lebte ganz bewusst anders – egal, was es ihn kostete.

Meine Gedanken dazu:

 Prediger 3,11-15   **3. Juli**

Prediger 12,13

Wir Menschen sind keine Ziel-Erfüllungs-Maschinen, sondern Sinn-Wesen. Unser Schöpfer hat jedem von uns die Sehnsucht nach einem tieferen Sinn und die Ahnung, dass es diesen tieferen Sinn gibt, implantiert. Wir wurden dafür designt, uns von Gott, unserem Sinngeber, finden zu lassen, in einer Beziehung mit ihm zu leben und ihn durch unser Leben zu feiern – auch nach dem Tod. Wenn diese Bedeutung unseres Lebens verloren geht, leiden wir. Nichts hat dann mehr wirklich Sinn (Pred. 1,2-3). Aber das Leben in einer Beziehung mit Gott durch Jesus Christus und die Leidenschaft für diesen tieferen Lebenssinn ist wie ein brennendes Feuer, das uns jeden Morgen aufstehen und voller Hingabe leben lässt (Psalm 118,24).

Meine Gedanken dazu:

Johannes 8,1-11   **4. Juli**

Die Scheinheiligkeit mancher religiöser Menschen schreit zum Himmel. Da wird eine Frau beim Ehebruch erwischt und sofort von den „Superfrommen" zu Jesus geführt. Er soll sie verurteilen. Da fragt man sich doch: Und wo ist der Mann? Nach dem Gesetz der damaligen Zeit (5. Mose 22,22) sollten immer beide bestraft werden. Jesus hält den Scheinheiligen den Spiegel vor. Sie sind nicht besser – schon bei dem, was sie fordern, sind sie nicht ohne Fehl. Der Einzige, der hier wirklich richten kann, ist Jesus. Und er verurteilt die betreffende Person nicht, sondern gibt ihr eine zweite Chance und sagt: Tue es nie wieder. Gott wünscht sich, dass Menschen von ihren falschen Wegen umkehren, denn bei ihm ist unendlich viel Vergebung (Jes. 55,7).

Meine Gedanken dazu:

 Römer 1,26-27

1. Korinther 6,12-20

5. Juli

Eine Eheschließung ist nur möglich zwischen einem Mann und einer Frau, und die Sexualität ist für diese Einheit reserviert. Homosexuelle und Singles sollen keusch leben, wenn sie es mit dem Christsein ernst meinen. Wenn homosexuell Empfindende bereit sind, ihren Lebensstil Gott unterzuordnen, gehören sie genauso zu Gottes heiligen Kindern wie Menschen, die eine Neigung haben zu stehlen oder zu lügen, es aber nicht tun; oder wie Menschen, die einen Hang zur üblen Nachrede haben, aber sich darin üben, nur Ehrbares weiterzusagen; oder wie Menschen, die einen Hang zur Überheblichkeit haben, sich aber bemühen, andere höher als sich selbst zu achten. Gottes heilige Kinder sind Menschen, die Gott lieben, sich seinem Willen unterordnen und sich von Gott verändern lassen.

Meine Gedanken dazu:

 Matthäus 1,24 **6. Juli**

Gott ist vertrauenswürdig. Er steht bedingungslos zu seinem Wort und zu all seinen Versprechen. Die Erfüllung seiner Verheißungen ist nicht abhängig von unserer Treue oder Vollkommenheit. Gott benutzt unser Vertrauen und unsere Bereitschaft, uns ihm zur Verfügung zu stellen, um Gutes entstehen zu lassen. Wir werden vielleicht nicht immer wissen, warum Gott uns manche Aufgabe, Herausforderung oder Möglichkeit gibt, aber wir können sicher sein, dass er unser Vertrauen zu ihm zu seiner Ehre und zu unserem Besten benutzt.

Meine Gedanken dazu:

2. Korinther 4

2. Korinther 12,9-10

7. Juli

Gott schenkt seinen Kindern eine unzerstörbare Zerbrechlichkeit: seine Kraft. Deswegen sollten wir uns auf diesen großen Schatz – seine Kraft – konzentrieren, anstatt uns Sorgen über unsere Schwächen und Grenzen zu machen. Glaube beruht nicht auf menschlichem Können, sondern auf der Kraft Gottes. Wenn wir erkennen, dass gerade durch unsere Schwächen und Grenzen Gottes Kraft und die Gegenwart Jesu zum Vorschein kommen, werden wir uns nicht so schwer tun, unsere Schwächen zu akzeptieren.

Meine Gedanken dazu:

Lukas 16,10-13

Lukas 14,28-30

5. Mose 12,6-7

8. Juli

Alles, was wir besitzen – auch unser Geld – gehört letztendlich Gott, und wir sind aufgefordert, mit dem, was Gott gehört, auf seine Weise umzugehen. Was unser Geld angeht, so müssen wir lernen, innerhalb der Grenzen unserer finanziellen Möglichkeiten zu leben. Wir müssen lernen, Schulden zu meiden, Geld für das Unerwartete und fürs Alter zu sparen und Gott den Zehnten zu geben. Dann sind wir frei für die wirklichen Herausforderungen des Lebens, statt in einer finanziellen Zwangsjacke festzustecken.

Meine Gedanken dazu:

Galater 5,1

2. Korinther 3,17

Johannes 8,34

9. Juli

Wir sind zur Freiheit befreit und berufen. Diese Freiheit ist das Ergebnis der Befreiung von Sünde durch Jesus Christus am Kreuz. In dieser Freiheit zu leben, heißt, dass wir im Sinne und Geiste Gottes handeln, um der Freiheit Raum zu geben. Weil unsere eigene Freiheit immer die Unfreiheit unseres Nächsten bedeutet, müssen wir uns vom Heiligen Geist leiten lassen und wegen der Freiheit nicht unsere eigenen Erkenntnisse zum Maßstab für alle machen, sondern in Liebe und Verantwortung miteinander umgehen.

Meine Gedanken dazu:

2. Mose 20,7   **10. Juli**

Für uns Menschen ist es ein absolutes „No-go", wenn andere unseren Namen missbrauchen. Es ist für uns extrem ärgerlich, wenn Menschen ohne unsere Genehmigung über unseren Namen verfügen und uns für ihre egoistischen oder betrügerischen Zwecke dienstbar oder nutzbar machen! Es widerstrebt uns, wenn Menschen versuchen, ihrem Willen, ihrer Meinung oder ihren falschen Behauptungen durch unseren Namen, unseren guten Ruf oder unsere Position Autorität zu verleihen. Oder noch schlimmer, wenn sie uns gebrauchen, um ihre Taten – oder gar Attentate – zu rechtfertigen. Vielleicht können wir uns vor diesem Hintergrund vorstellen, warum Gott diejenigen, die seinen Namen missbrauchen, zur Rechenschaft ziehen wird.

Meine Gedanken dazu:

Römer 4,13-25 — **11. Juli**

Gottes Aussagen und Zusagen inmitten von ungewollten und unbegreiflichen Situationen zu vertrauen, hat nichts mit blindem Glauben zu tun. Das ist begründetes Vertrauen in einer Situation, die uns verunsichert. Begründet darum, weil die Situation unberechenbar ist, aber nicht Gott. Er ist und bleibt vertrauenswürdig. Anstatt, dass wir uns an den Umständen orientieren, vertrauen wir den Zusagen Gottes. Gerade weil wir solche Erfahrungen mit Gott machen, sind wir ermutigt, uns auch in neuen, ungewohnten Situationen Gott anzuvertrauen und zu wissen, dass er uns nicht alleine lässt.

Meine Gedanken dazu:

Hebräer 10,35-36

Psalm 73,28

12. Juli

Wir leben nicht mit der Garantie, dass es uns immer gut gehen wird, nur weil wir zu Gott gehören. Auch wenn wir Gott von ganzem Herzen lieben und ihm treu sind, lässt er es dennoch zu, dass wir Leid, Schmerzen, Verluste und Zerfall erleben. Unser Glaube, unsere Nachfolge, unsere Treue und Hingabe zahlen sich nicht nur in Segen, Belohnungen und Entschädigungen aus. Leid ist ein notwendiger Weg, den Gott benutzt, damit wir im Glauben wachsen. Inmitten von Kämpfen können wir unser Herz entweder mit Zweifel und Verzweiflung füllen oder es in Gottes Nähe reifen lassen. Gott wirbt um die Qualität unseres Vertrauens und wünscht sich, dass wir weniger rechnen und ihn mehr lieben.

Meine Gedanken dazu:

Matthäus 17,20b  13. Juli

Matthäus 8,26

Matthäus 8,5-13

2. Timotheus 1,12

Jesus hat einige Menschen für ihr großes Vertrauen gelobt und andere für ihren Kleinglauben getadelt. In seinen Augen bedeutet richtig glauben nicht, dass wir im Blick auf ein erbetenes Wunder jeden Zweifel überwinden und dass wir eine innere Gewissheit entwickeln, dass Gott dieses Wunder tun wird. Es geht nicht darum, dass wir einen religiösen Kraftakt hervorbringen müssen. Es geht nicht um einen großen Glauben, sondern um den Glauben an einen großen Gott. Die Größe unseres Glaubens ergibt sich nicht durch etwas, das wir selbst sind, haben, können oder tun. Sie ergibt sich allein aus der Größe dessen, dem wir vertrauen – Gott. Nur einer ist Gott, und diesem Gott sollen wir alles zutrauen.

Meine Gedanken dazu:

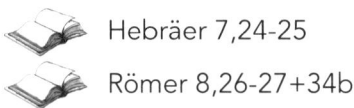 Hebräer 7,24-25   **14. Juli**

Römer 8,26-27+34b

Gott denkt ständig an uns und wirkt ununterbrochen in und an uns – auch dann, wenn es uns nicht bewusst ist. Für uns da zu sein, das ist seine Leidenschaft. Er hat immer Ideen und Alternativen, wenn uns nichts mehr einfällt. Er bleibt auch dann stark, wenn wir schlapp machen. Seine Möglichkeiten sind nicht zu messen mit unseren Möglichkeiten (Jes. 55,8-9). Jesus hat sich nicht nur am Kreuz für uns Menschen eingesetzt, er tritt auch hier und heute für uns ein. Täglich. Stündlich. Ob wir essen, schlafen, reden, lieben, beten, glücklich oder traurig sind – Jesus ist in und an uns am Wirken durch seinen heiligen Geist, damit wir seine Ziele erreichen. Er tut das, weil er uns liebt.

Meine Gedanken dazu:

Johannes 20,19-31

1. Petrus 1,8

15. Juli

Vielen Menschen fällt es schwer, an die Auferstehung von Jesus zu glauben. Manchen fällt es besonders schwer, weil sie bei den Ereignissen nicht dabei waren. Sie fordern Zeichen und Beweise von Gott. Aus der Glaubensnot heraus können wir durchaus ein Zeichen erbitten, aber wir haben keinen Anspruch auf die Erfüllung. Trotzdem erfüllt Gott uns so manche Bitte, damit wir durch das Sehen zum Glauben kommen. Es ist viel wert, wenn Menschen durch Erfahrungen, Zeichen und Wunder zum Glauben finden. Jesus macht aber auch deutlich, dass das Vertrauen auf das Wort Gottes ausreicht, um den Menschen zum Glauben an ihn zu führen.

Meine Gedanken dazu:

 Philipper 4,6 **16. Juli**

Sprüche 12,25

Römer 8,38-39

Vorsorgen ist klug (Spr. 31,10-31), und Fürsorge gehört zu unseren Pflichten (1. Tim. 5,8). Aber sich Sorgen machen über Dinge, die wir nicht in der Hand haben und die wir nicht ändern können, das ist vergeblich. Wenn wir jedoch unser Leben und unsere Zukunft ernst nehmen, dann werden wir nicht einfach abschalten und alles laufen lassen, sondern wir werden uns die Größe und Freundlichkeit Gottes vor Augen stellen und das, was uns runterzieht, im Gebet an Gott abgeben – an den, der sich um unsere Gegenwart und unsere Zukunft kümmert. Wir werden erleben, dass es nichts gibt, das uns von der Liebe und Fürsorge Gottes trennen kann. So werden wir von besorgten zu umsorgten Kindern Gottes.

Meine Gedanken dazu:

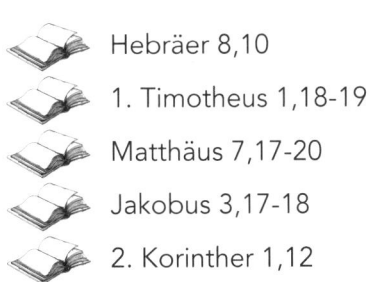

Hebräer 8,10

1. Timotheus 1,18-19

Matthäus 7,17-20

Jakobus 3,17-18

2. Korinther 1,12

17. Juli

Gott hat in jedem Menschen ein Gewissen angelegt – ein Sinnesorgan, das in Anlehnung an 1. Samuel 3,3 auch die „Lampe" Gottes genannt wird. Diese Lampe Gottes durchleuchtet immer wieder unser Herz und unsere Gedanken und offenbart unsere Werte und unsere Motivation. Werte sind wie ein starkes und tiefes Wurzelwerk, das uns Halt, Kraft, Sicherheit und Wachstum verleiht. Was uns letztendlich prägt und was wir prägend weitergeben, lässt sich an unseren Früchten erkennen. Das heißt, unser Verhalten verrät, ob wir uns durch äußere Umstände oder die Erwartungen anderer bestimmen lassen oder durch Gottes Denkweise und seine Werte.

Meine Gedanken dazu:

3. Johannes 4

Epheser 4,15

18. Juli

Wahrheitsgemäß leben heißt, dass wir die Wahrheiten Gottes nicht entwerten und uns nicht in die Beliebigkeit hineingeben. Wenn wir die Wahrheit wie eine wandelbare Teigmasse behandeln, verliert sie ihren Halt und geht kaputt. Gott ist diese unverrückbare Wahrheit, die uns Halt und Haltung gibt. Leben in seiner Wahrheit bedeutet, dass wir uns immer mehr von seiner Denkweise – seiner festgelegten Wahrheit – prägen und bestimmen lassen. Aus dieser Prägung entspringen echte Frömmigkeit (Joh. 17,17), Freiheit (Joh. 8,32) und Wahrhaftigkeit vor sich selbst und vor anderen.

Meine Gedanken dazu:

Matthäus 19,4-6   **19. Juli**

Talsohlen in der Ehe sind nur durchzustehen, wenn Treue die Grundlage der Beziehung ist. Treue kann man nicht ausprobieren, sie ist primär eine Willensentscheidung. Treue schafft den Freiraum, den die Liebe braucht, um zu wachsen und um Spannungen in Ruhe aufzuarbeiten. Treue schenkt die Zeit, um Korrekturen vorzunehmen und Vergebung Fuß fassen zu lassen. Treue führt zur Einheit und gibt Zeit, um mit den Stärken und Schwächen des Partners umgehen zu lernen. Treue schenkt die Erfahrung, den anderen über viele Jahre schätzen und lieben zu lernen und an schmerzhaften Erfahrungen zu reifen. Treue gibt auch die Möglichkeit, erkaltete Liebe wiederzubeleben. Weil Gott uns Menschen treu bleibt, kann er uns helfen, auch ihm und anderen gegenüber treu und verbindlich zu sein.

Meine Gedanken dazu:

 Römer 5,7

Philipper 4,5

2. Korinther 10,1

 **20. Juli**

Unsere Mitmenschen annehmen, akzeptieren und stehen lassen heißt, sie hinzunehmen und mit ihnen leben zu lernen. Es heißt aber nicht, dass wir alles, was sie tun oder unterlassen, automatisch gutheißen. Die Dinge, die wir nicht ändern oder verhindern können, müssen wir hinnehmen. Das, was wir jedoch für absolut falsch und unakzeptabel halten, und alles, was wir aus Gewissensgründen nicht hinnehmen können, sollten wir in aller Demut und Sanftmut ansprechen, um noch Schlimmeres zu vermeiden und Dinge erträglicher zu machen. Darin war Jesus uns ein Vorbild (Mt. 11,29).

Meine Gedanken dazu:

 Sprüche 20,11

Sprüche 23,24

21. Juli

Wir sollten unseren Charakter dahingehend entwickeln, dass wir zu anderen Menschen Vertrauen aufbauen können, damit unsere Beziehungen durch gute Kommunikation gestärkt werden. Wir müssen realistisch bleiben, um gute Entscheidungen treffen zu können und konkrete Ziele vor Augen zu behalten. Wir müssen bereit sein, uns den verschiedensten Herausforderungen zu stellen und Neues zu wagen, damit wir kontinuierlich reifen. Wir sollten andere Menschen höher achten als uns selbst und ihre Bedürfnisse wahrnehmen. Demut ist eine wunderbare Charaktereigenschaft, die uns hilft, Beziehungen langfristig aufrechtzuerhalten.

Meine Gedanken dazu:

 **22. Juli**

Psalm 27,8

Psalm 50,15

Apostelgeschichte 13,2-4

Nehemia 1,5-11

Beten gehört zum Alltag eines Christen und ist wichtig für eine lebendige Beziehung zu Gott. Das Gebet – ob frei oder liturgisch, ob alleine oder mit anderen – ist ein Weg, unsere Gedanken in Worte zu fassen, unsere Gefühle zum Ausdruck zu bringen und unsere Anliegen spezifisch zu benennen – egal, ob es Lob und Dank oder Bitten und Klagen betrifft. Wer betet, zeigt, dass er an die Realität Gottes glaubt. Er zeigt, dass er an Gottes Größe, seine Allmacht, Liebe, Treue, Güte und sein Erbarmen glaubt. Unser Glaube an Gott ist das Sprungbrett für erhörte Gebete – oder anders gesagt: Unser Gebetsleben ist nur so stark wie unser Glaube an Gott. Wir können glauben, was wir beten, wenn wir beten, was wir glauben!

Meine Gedanken dazu:

 Römer 5,5 — **23. Juli**

Wir sind von Gott herzlich eingeladen, uns durch seinen Geist beschenken zu lassen. Das gilt ganz besonders dann, wenn wir mit unangenehmen Herausforderungen, Sorgen und Nöten belastet sind. Dann, wenn wir selber keinen Ausweg und keine Lösung sehen und in der Gefahr stehen, unsere letzte Hoffnung aufzugeben. Gott ist immer in der Lage, durch seinen Geist sinnstiftend in unser Denken, Fühlen und Handeln hineinzuwirken. Er kann aus jeder hoffnungslosen Situation etwas Gutes hervorbringen, wenn wir lernen, sie als eine von ihm persönlich zugelassene Situation anzunehmen. Gottes Geist ist in ungewollten Zeiten eine gewollte Hilfe. Das gibt uns Hoffnung.

Meine Gedanken dazu:

 Johannes 16,33

Matthäus 6,25-34

24. Juli

Die Fähigkeit, Angst zu entwickeln, gehört zu unserer schöpfungsbedingten Ausstattung als Mensch. Angst kann uns einerseits helfen, Situationen realistischer einzuschätzen, anderseits kann sie uns lähmen. Angstgefühle sind immer gegenwärtig, weil die Welt voller Angstmacher ist: Krankheit, Finanzen, Kontrollverlust und vieles mehr. Wenn die Angst uferlos wird, gilt es Auswege zu finden, um die Angst zu bewältigen und Gott beim Wort zu nehmen, der sagt: „Fürchte dich nicht!" Er trägt die letzte Verantwortung, nicht wir. Er stellt keine Ansprüche an uns, die uns überfordern, sondern versorgt uns. Er ist ein gnädiger Gott, bei dem wir nichts leisten müssen, weil er schon alles geleistet hat. Wir dürfen loslassen. So verliert die Angst ihre Macht.

Meine Gedanken dazu:

 Markus 7,1-9   **25. Juli**

1. Johannes 5,3

Unausgesprochene Regeln haben eine ungeheure Macht. Dass sie existieren und uns beherrschen können, merken wir oft erst dann, wenn wir sie gebrochen haben und dafür kritisiert werden. Dabei bleiben unausgesprochene Regeln oft unausgesprochen, weil sie bei einer Ausformulierung als nicht im Einklang mit Gottes Regeln entlarvt werden können und dann der Schutz vor Kritik nicht mehr gewährleistet ist. Diese Vorschriften, die sich Menschen ausgedacht haben und die nicht mit Gottes Anweisungen übereinstimmen, sind sinnlos und Kräfte raubend. Noch schlimmer aber ist, dass sie die Autorität der Worte Gottes und den Weg zum Heil untergraben. Es ist wichtig, dass wir uns mit Gottes Wort beschäftigen und richtig mit der Bibel umgehen.

Meine Gedanken dazu:

Judas 1,22

Matthäus 28,16-17

Johannes 20,27

26. Juli

Menschen, die im Glauben unsicher sind, haben in Gottes Herz ganz viel Platz und sollten dies auch bei uns haben. Sie sollten bei allen Nachfolgern Jesu eine Willkommenskultur, eine Zuwendung und Barmherzigkeit vorfinden. In der Bibel wird unverblümt über viele lautstarke Zweifler berichtet (z. B. Ps. 13,2-3) und auch darüber, wie Gott auf sie zugegangen, auf sie eingegangen und ihnen nachgegangen ist. Er tat es mit viel Herzblut. Er machte sich ihnen erfahrbar und stärkte somit Schritt für Schritt ihre Glaubensgewissheit. Er kümmerte sich persönlich und liebevoll um diesen Lernprozess, und so sollten wir es auch tun.

Meine Gedanken dazu:

📖 Matthäus 6,10

📖 Johannes 14,13

📖 Johannes 15,7

📖 Johannes 16,23

27. Juli

Gott erhört unsere Gebete und tut uns Gutes entsprechend seiner Güte und Barmherzigkeit. Er hat dabei alle und alles im Blick – nicht nur uns. Unter dieser Voraussetzung gilt die Einladung Jesu an uns, Gott zu sagen, was wir brauchen – dem, dessen Macht und Liebe grenzenlos sind; dem, der uns gerne mit Gutem beschenkt. Wir dürfen ihn um alles bitten, aber nichts einfordern, weil wir Gott dann zu unserem Diener machen. Wenn wir wirklich wollen, dass Gottes Wille geschieht, dann werden wir ihm unsere Bitten anvertrauen und es ihm auch zutrauen, dass er uns das Gute zur rechten Zeit schenkt.

Meine Gedanken dazu:

Matthäus 18,15-17　　　　　**28. Juli**

Wer einem Konflikt aus dem Weg geht, leidet genauso wie derjenige, der einen Konflikt anspricht. Wenn Dinge nicht rundlaufen, werden Konflikte oft totgeschwiegen, weil man Angst vor Verletzungen hat. Jesus, unser großes Vorbild, hat Probleme unter vier Augen oder im kleinen Kreis voller Wertschätzung seines Gegenübers angesprochen. Sein Ziel war es, Menschen Gutes zu tun, und nicht, sie zu verurteilen. Gut gemeinte Kritik kann Menschen helfen, ihre blinden Flecken loszuwerden, ihre Fehler einzusehen und bessere Menschen zu werden (Spr. 27,6). Oder sie kann Menschen zu unseren Feinden machen. Negative Reaktionen konnte Jesus aushalten. Es ist immer besser, wenn Sünde ans Licht kommt, als wenn sie im Verborgenen gedeiht.

Meine Gedanken dazu:

 Philipper 2,1-9   **29. Juli**

Menschen, die um eines anderen willen auf etwas verzichten und ihre eigenen Wünsche, Vorlieben, Rechte und Erwartungen hintanstellen können, finden Anerkennung bei Gott und bei Menschen. Solche Menschen bestehen nicht immer auf das, was sie wann, wo und wie wollen oder nicht wollen. Sie machen sich selbst nicht zum Maß aller Dinge, sondern haben auch das Wohl und die Fortschritte anderer vor Augen. Das macht sie beliebt. Freiwillige Selbstlosigkeit ist großartig: Sie kann andere loben, trösten, ermutigen, ihnen dienen und ihnen helfen, bessere Menschen zu werden. Jesus hat bewiesen, dass solch ein lobenswerter Umgang mit Menschen möglich und gesegnet ist.

Meine Gedanken dazu:

 2. Mose 1

2. Mose 12

30. Juli

Gott ist erfahrbar als Erlöser und Befreier aus katastrophalen Verhältnissen, Gewalt und vielen anderen Nöten. Er alleine kann uns dahin bringen, wo wir nicht gefangen sind oder tyrannisiert werden, sondern frei werden – dahin, wo Gott selbst unser Herrscher ist und uns einen Neuanfang schenkt. Diese Freiheit ist nur dann gefährdet, wenn wir Gottes Schutz verlieren, weil wir uns von ihm distanziert und unsere Hoffnung auf andere Götter gesetzt haben. Wahre Freiheit bedeutet leben mit Gott. Es ist eine Freiheit, die wir uns nicht selbst erwerben können – es ist ein Geschenk Gottes und als Erlösung zu verstehen von all dem, was uns festhält und aufhält, das Leben zu leben, das Gott sich für uns gedacht hat.

Meine Gedanken dazu:

 Lukas 7,36-50

Jesaja 43,4

31. Juli

Zu den unterschiedlichen Menschen, die Jesus traf und die ihn als Gottes Sohn erkannt haben und ihm nachgefolgt sind, gehörten etliche, die als Sünder bezeichnet wurden, wie zum Beispiel Prostituierte. Aber für Jesus spielte es keine Rolle, ob jemand in den Augen der Gesellschaft oder der frommen Elite als unangepasst oder unmoralisch galt. Er sah alle Menschen durch die Augen Gottes. Seine Botschaft an alle lautet: Du bist wertvoll! Das bedeutet: Egal, wer sich auf Gottes Liebe einlässt, der erlebt, was es heißt, so sehr geliebt zu werden, als gäbe es keinen anderen Menschen auf der Welt. Menschen, die so geliebt werden, gönnen auch anderen diese wundervolle Liebe, weil sie wissen, dass es nicht nur sie auf der Erde gibt.

Meine Gedanken dazu:

 Jeremia 15,10-20
Psalm 5,2-4
Römer 8,26-27

 **1. August**

Gott hört unser Seufzen. Unsere Gefühlslagen sind ihm nicht unwirklich oder unfassbar. Auch eine heftige Klage ihm gegenüber kann daran nichts ändern. Wenn wir uns Fragen stellen wie „Was bringt's, dass ich lebe und Gutes tue?" und „Inwieweit kann oder muss ich selbst mein Schicksal bestimmen?", dann bewegt das auch Gott. Falls wir nicht mehr wissen, ob wir an dem Platz sind, an dem Gott uns haben will, können wir ihn um eine Bestätigung bitten. Entscheidend soll für uns nicht sein, ob die Ergebnisse unserer Berufung unseren Erwartungen entsprechen oder ob wir die Gunst beziehungsweise den Missmut der öffentlichen Meinung dadurch ernten, sondern ob Gott uns an unseren Platz geführt hat und dort noch haben will. Zu wissen, dass wir am richtigen Platz sind, gibt uns Kraft zum Weitermachen.

Meine Gedanken dazu:

Matthäus 7,13-14   **2. August**

Auch Christen haben das Bedürfnis, „gelikt" zu werden. Dabei besteht die Gefahr, sich an die Mehrheit anzupassen, auch wenn diese nicht christlich tickt. Wer Jesus folgt, schwimmt gegen den Strom, und das kostet Kraft. Nicht immer werden Christen freundlich behandelt und haben Einfluss in der Gesellschaft. Weil Christen einen exklusiven Wahrheitsanspruch haben, nutzt ihr Appell für Toleranz nicht viel, wenn die Stimmung in Feindseligkeit gegenüber denjenigen, die ihren Glauben offen bekennen, umschlägt. Aber auch dann gilt es, persönlich und öffentlich Jesus zu bekennen und sich nicht zurückzuziehen. Gott ist ein Gott für alle (1. Tim. 2,4). Keiner verbietet es uns, über Jesus zu reden, es sei denn wir selbst.

Meine Gedanken dazu:

Johannes 10,27-29

Matthäus 7,7-11

3. August

Die Bibel ist voll von Verheißungen, wer Gott für uns ist und was er für uns tun möchte. Seine Verheißungen bedeuten aber nicht, dass er immer und nur entsprechend unseren Erwartungen und Bitten handelt. Aber wir dürfen Gott voll vertrauen, dass er ganz gewiss das tun wird, was ihn ehrt und für uns, unsere Familien, Arbeit, Träume und Glaubenserfahrungen am allerbesten ist. Und das auch zur rechten Zeit. Spätestens im Himmel werden wir erfahren, wie gut, wie passend und wie sinnvoll Gottes Geschichte mit uns war.

Meine Gedanken dazu:

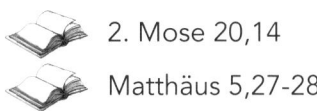 2. Mose 20,14

4. August

Matthäus 5,27-28

Gottes Maßstäbe sind hoch und fordern uns heraus – auch im Bereich der Ehe. Weil die Ehe zwischen Mann und Frau die liebevolle, treue und verbindliche Beziehung zwischen Gott und uns Menschen widerspiegeln soll (Eph. 5,25-33), fordert die Ehe unsere Achtung und unseren Respekt – selbst dann, wenn wir nicht verheiratet sind. Wir sollen weder aus Ehen aus- noch in die Ehe anderer einbrechen. Versuchungen, wie z. B. zerstörerische Gedanken und Blicke oder verführerische Begegnungen, können wir mit Gottes Hilfe bekämpfen, ihnen widerstehen und sie überwinden. Mit Gottes Hilfe können wir auch unserer eigenen Ehe mit liebevollen Blicken und Taten oder verführerischen Begegnungen Gutes tun.

Meine Gedanken dazu:

 Lukas 8,40-56

Galater 4,31

Galater 5,1

 **5. August**

Wer Gott sucht, der findet ihn, und wer mit Gott in Berührung kommt, der ist danach nie wieder wie vorher. Er ist ein neuer Mensch mit ganz neuen Möglichkeiten. Solche Veränderungen können innerlich und/oder äußerlich stattfinden. Gottes Nähe und seine göttliche Kraft können uns auch dort berühren und verändern, wo kein Mensch und kein Arzt uns weiterhelfen kann. Auch dort, wo wir von Menschen abgelehnt oder aufgegeben worden sind. Gottes Kraft kann uns von Bindungen, Süchten und Krankheiten befreien und uns ein ganz neues Selbstwertgefühl schenken. Dadurch bekommen wir eine ganz neue Freiheit, in der wir unser Leben neu gestalten können.

Meine Gedanken dazu:

Psalm 139,1-6 + 23-24

6. August

Apostelgeschichte 5,29-32

1. Korinther 4,5

Johannes 4,23-24

Gott sieht unser Herz und möchte nicht, dass wir aus einer falschen Motivation heraus etwas tun – auch nicht das Richtige. Wenn Gehorsam und Dienst alleine durch die Gemeinschaft mit Gott entstehen, werden wir keine Belohnung für unsere Taten erwarten können. Wenn wir dagegen ständig darüber grübeln, ob wir genug getan haben, um Gott zu gefallen, dann sehen wir nicht auf ihn, sondern auf unsere eigenen Werke und auf die Anerkennung von Menschen. Das ist kein Gehorsam gegenüber Gott, sondern Eigenliebe. Wenn Verhalten von außen vorgeschrieben wird und nicht aus einem Herzen, das Gott liebt, kann es nicht als Gehorsam gelten. Veränderungen passieren von innen nach außen, nicht von außen nach innen.

Meine Gedanken dazu:

📖 2. Korinther 11,19-20
📖 2. Korinther 12,20
📖 Lukas 6,31

Das Christentum hat den Menschenrechten zur Geltung verholfen und sie auf eine neue Ebene gehoben. Das heißt, alles darf angesprochen werden. Alles darf ans Licht kommen, denn die Wahrheit Gottes macht uns frei. Wir dürfen sagen, was wir denken, wir können andere Meinungen aushalten und unsere Stimme erheben, wo Grundrechte untergraben werden. Meinungsvielfalt ist erlaubt und gewollt. Dabei gilt die goldene Regel als Grenze: Behandelt die Menschen so, wie ihr selbst von ihnen behandelt werden wollt. Vor jedem Meinungsaustausch, jeder Konfrontation, Beschuldigung oder Zurechtweisung sollten uns unsere eigenen Fehler, Unsachlichkeiten und Ungerechtigkeiten bewusst sein. So bleibt eine Konfrontation fair und gewinnbringend für alle (Joh. 8,1-11).

Meine Gedanken dazu:

Lukas 6,36 + 10,29-37

Matthäus 5,7 + 23,23

Philipper 2,1-2

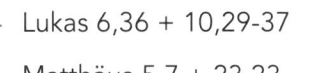 8. August

Wo Menschen aufeinandertreffen – ob in der Familie, im Beruf oder in der Kirche –, brauchen sie Barmherzigkeit. Gerade weil Gott uns mit so viel Barmherzigkeit begegnet, sind wir einander als Menschen auch dazu verpflichtet. Barmherzige Menschen können sich einfühlen, können mitfühlen und verzeihen. Sie sehen im Fremden und im Feind zuallererst den Nächsten. Das ebnet den Weg für Verständigung und Toleranz. Weil wir fast täglich Meinungen, Weltanschauungen und Lebensweisen begegnen, die wir nicht verstehen und teilen oder denen wir sogar widersprechen, ist Barmherzigkeit für ein gutes Miteinander unverzichtbar – es ist eine Herzensbildung, zu der Gott uns befähigen will (Hes. 36,26).

Meine Gedanken dazu:

1. Korinther 13,1-13

1. Johannes 4,7-21

Matthäus 5,43-48

9. August

Liebe ist die größte, kraftvollste Waffe, die wir jemals kennen werden. Nichts anderes sonst kann Menschen so verändern wie die Liebe. Sie kann den Egoisten, Machtbesessenen, Ängstlichen, Mörder, Verleumder, Gewalttätigen, Geldgierigen und sogar den Terroristen verändern. Jesus ist aus Liebe auch für sie am Kreuz gestorben, obwohl er wusste, wer sie sind. Obwohl er ihre Vergangenheit und Zukunft kennt. Er kennt und liebt sie trotzdem. Er sagt „Ja" zu ihnen – nicht zu ihren Sünden, sondern dazu, dass sie ihm ihre Sünden anvertrauen und seine Liebe erwidern. Nicht nur das, Gott erwartet von uns, dass wir seine Liebe diesen Menschen auch weitergeben. Er fordert uns heraus und sagt: „Liebt mit mir euren Nächsten. Lasst uns schauen, ob unsere Liebe ihn nicht verändert!"

Meine Gedanken dazu:

1. Timotheus 4,11-16

 2. Korinther 6,3-10

 1. Petrus 5,3

 Matthäus 7,28-29

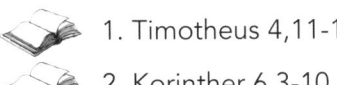

Wir brauchen Vorbilder im Glauben. Menschen, die Gutes vorleben und Dinge an ihren richtigen Platz stellen. Menschen, die nicht das Ziel verfolgen, ihre eigene Autorität zu festigen, sondern deren Autorität auf einer Abhängigkeit von Gott basiert. Solche Menschen können durch ihr Leben sagen, dass Gott und sein Wort wahr sind und dass sie dies erlebt haben. Ihr Leben berührt uns: Sie machen uns frei, bauen uns auf, dienen uns und helfen uns, Gottes Willen zu tun. Gute Vorbilder haben eine natürliche Gefolgschaft, weil sie ihre Autorität von Gott haben – wie Jesus. Er diente Gott, und folglich profitierten Menschen von seiner Selbstlosigkeit, Dienstbereitschaft und Lebenshingabe (1. Petr. 2,21; Joh. 13,15).

Meine Gedanken dazu:

 2. Mose 2,18-25

2. Mose 3,7-12

11. August

Jede Entscheidung, die wir treffen, beeinflusst unser Leben. Das kann uns Angst machen, denn ob eine Entscheidung gut oder schlecht war, stellt sich oft erst im Nachhinein heraus. Tatsache ist, dass wir immer nur nach unserem momentanen Wissensstand entscheiden und handeln können. Auch wenn wir im Laufe eines Entscheidungsprozesses nach Gottes Willen gefragt haben, heißt das nicht automatisch, dass wir Gottes Willen erkannt haben und ihm gefolgt sind. Die Bibel erzählt von vielen Menschen, deren verkehrte Entscheidungen – ob bewusst oder unbewusst – ihr Leben nachhaltig beeinflusst haben, die sich aber trotzdem weiterhin von Gott prägen und ihre falschen Entscheidungen von ihm korrigieren ließen. Diese Menschen haben erlebt, dass Gott sie weiterhin geliebt, geführt und gebraucht hat.

Meine Gedanken dazu:

Matthäus 6,12

Römer 12,17-21

Matthäus 5,23-26

12. August

„Wo es Menschen gibt, da menschelt es" – deswegen ist Vergebung für uns Menschen so notwendig. Wenn wir verletzt worden sind, haben wir die Wahl: Wir können Vergeltung ausüben oder wir können vergeben. Vergebung heißt nicht, dass wir klein beigeben, sondern dass wir mit Gott darüber reden und uns davor hüten, unsere Kränkungen zu hegen und zu pflegen, was uns wiederum krank macht. Unsere eigene Sündenvergebung ist ganz eng an die Vergebung geknüpft, die wir anderen Menschen zusprechen, die an uns schuldig geworden sind. Beides gehört zusammen. Beides spielt ein Rolle in unserem Leben, ob wir Täter oder Opfer sind. Vergebung hat eine heilsame Wirkung auf Körper und Geist.

Meine Gedanken dazu:

1. Mose 12,2

Kolosser 1,29

Epheser 3,20-21

Manchmal sind wir dem Leben nicht gewachsen und ziehen uns bei jeder weiteren Herausforderung zurück in eine Welt, in die wir nicht gehören. Keiner soll unsere Hilflosigkeit, unsere Verzweiflung und Zerrissenheit spüren. In solchen Situationen spricht Gott: „Ich will dich segnen, und du sollst ein Segen sein." Jetzt. Hier und heute. Unglaublich – es gibt da noch was zu finden. Die Welt braucht uns. Wir dürfen nicht aufgeben, sondern uns mit Gott erneut aufmachen, nach vorne schauen und von ihm Großes erwarten. Wir dürfen mutig der Hoffnung Raum geben. Wenn Gott für uns ist, wer kann gegen uns sein?

Meine Gedanken dazu:

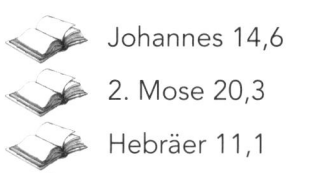 Johannes 14,6

 **14. August**

2. Mose 20,3

Hebräer 11,1

Apostelgeschichte 17,22-31

Unser Land ist multireligiös. In manchen Städten verbinden sich viele Religionen miteinander unter einem Dach. Dafür müssen dann alle ihr Profil etwas zurücknehmen, weil Unterschiedlichkeit vermeintlich das Miteinander stört. Über allem soll ja angeblich Gott sein. Doch eine multikulturelle Beliebigkeit kann uns nicht helfen. Wer Lebensgewissheit aus dem Glauben gewinnen will, muss an Gottes Wahrheiten glauben, diese bekennen, ihnen anhängen und sie beachten. Der Glaube gründet sich alleine auf den Gott der Bibel, der nur durch seinen Sohn Jesus Christus für uns zugänglich ist. Jesus zeigt uns das wahre Herz und Wesen Gottes. Nur zusammen mit Jesus kann unser Glaube alltagsfest werden.

Meine Gedanken dazu:

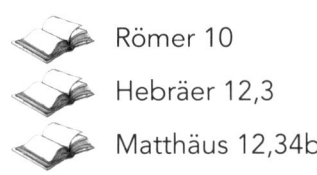

Römer 10

Hebräer 12,3

Matthäus 12,34b

15. August

Menschen von Jesus zu erzählen, ist für Christen nicht immer leicht. Hilfreich ist es, wenn wir Gott um Gelegenheiten bitten, die zu uns passen, und Zeiten einplanen, um Beziehungen aufzubauen und unsere Freundschaft zu erweisen. Wir können Menschen mutig zu einem Treffen einladen, ihnen ein gutes Buch schenken oder ihnen von unseren eigenen Erfahrungen mit Gott erzählen. Währenddessen können wir uns weiter vorbereiten, indem wir selbst Gott und sein Wort immer besser kennenlernen und mit offenen Augen durch die Welt gehen, Menschen wahrnehmen und ihnen Liebe zeigen. Und ganz wichtig: niemals vergessen, was Gott für uns getan hat und was es ihn gekostet hat. So bleibt Evangelisation unser Herzensanliegen.

Meine Gedanken dazu:

2. Könige 21 und 22   **16. August**

Immer wieder gibt es Erweckungen – eine Reformation im Herzen des Menschen. Das wird niemals aufhören. Diese Erweckung beginnt da, wo Menschen die Bibel für sich persönlich entdecken und ernst nehmen. Das ist ein Aha-Erlebnis, das Erkenntnis von Schuld und eine Umkehr mit sich bringt. Solche Menschen begrüßen es, dass Gott ihr Herz richten darf, und suchen unmittelbar die konkrete Umsetzung für ihre neuen Überzeugungen, damit sie nicht in den Startlöchern stecken bleiben. Jede Generation, jeder einzelne Mensch muss sich entscheiden, wie er es mit Gott hält. Auch wenn Kinder von ihren Eltern geprägt werden, sind sie letztlich nicht auf diese Prägung festgelegt, ob christlich oder nicht. Es gibt keine Erben im Glauben.

Meine Gedanken dazu:

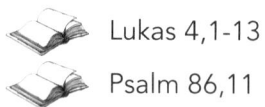 Lukas 4,1-13

Psalm 86,11

17. August

Seit der Versuchung Jesu wissen wir, dass Gottes Wort gegen Gottes Willen gewendet werden kann. Darum ist immer der Zusammenhang zu beachten, in dem ein Bibelwort spricht. Nur so lässt sich die Absicht erkennen, die hinter der Aussage steht. Manche biblische Aussagen sind zeitbedingt (3. Mose 25,44). Hier wird nicht Sklaverei gefördert, sondern eingeschränkt. Ein Mensch, der Gott gehört, kann nicht zugleich Besitz eines Menschen sein. Das heißt aber nicht, dass wir nun sortieren müssen, welche biblischen Worte heute gültig sind und welche nicht. Alle Bibelworte können in eine bestimmte Situation hineinreden. Unsere Aufgabe ist es, um das rechte Verständnis der Bibel zu beten und zu ringen, denn unser Wissen ist Stückwerk (Kol. 2,3).

Meine Gedanken dazu:

📖 1. Mose 2,18+24-25 **18. August**
📖 1. Mose 3,1-13

Die Sehnsucht nach bedingungsloser Liebe und Annahme steckt zeitlebens in uns Menschen drin. Jeder möchte den erfüllenden Reichtum einer Beziehung erleben. Wer wirklich liebt, identifiziert sich mit den Bedürfnissen seines Gegenübers, ohne sich dabei aufzugeben. Er lebt und erlebt, was es heißt, zu zweit und nicht alleine zu sein. Liebe ist der Wunsch, einem anderen wohltun zu wollen und sich jemandem nahe zu fühlen. Hier haben Angst, Scham und Bloßstellung keinen Platz, sondern nur Vertrauen, Transparenz und Geborgenheit. Da wo nichts versteckt oder verheimlicht wird, haben und genießen Paare eine uneingeschränkte Freiheit, sowohl emotional wie physisch, innerlich wie äußerlich. Es ist die Abwesenheit von Sünde und schlechtem Gewissen, die eine uneingeschränkte Intimität ermöglichen (Vers 10).

Meine Gedanken dazu:

Römer 12,18 + 14,19

1. Korinther 14,33

Epheser 4,3

Matthäus 5,9

Der Frieden ist heilig. Wir brauchen ihn, und Gott will ihn uns schenken – unseren Gemeinden, unserer Gesellschaft und der ganzen Welt. Es ist nicht nur sein Wunsch und Wille für uns, sondern seine Verheißung an uns. Aber Gott knüpft seine Verheißung an eine Bedingung: Er wird unsere Gebete erhören und sich finden lassen, wenn wir ihn von ganzem Herzen suchen. Die tiefe Sehnsucht nach Frieden geht deshalb aus biblischer Sicht auf in der Suche nach Gott. Was für eine Hoffnungsbotschaft! Diese gilt auch heute. Von Gottes Seite ist Frieden immer möglich und Unfrieden kein Grund zur Resignation. Frieden beginnt damit, wie wir mit anderen und über andere reden, über sie denken und ihnen begegnen.

Meine Gedanken dazu:

Jesaja 41,18-20   **20. August**

Gott ruft uns immer wieder zu: „Ich will!", und: „Ich werde!" Jedes Mal, wenn Gott uns das im positiven Sinne zuflüstert, geschieht etwas Wundervolles! Das, was sich tut, können wir erkennen, obwohl andere sich das nur erträumen können. Die Zusagen Gottes stehen nicht nur in der Bibel, sondern werden Realität in unserer Welt. Die Wunder Gottes passieren, damit wir erkennen und verstehen, dass Gott selbst hinter ihnen steht und alles bewirkt. Sie können in Form seiner Fürsorge, eines neuen Auftrages, eines Neubeginns im Glauben oder eines Hoffnungsschimmers in trostlosen Zeiten auftreten. Manchmal ist gerade unsere Einöde der Beginn einer hoffnungsvollen Zukunft.

Meine Gedanken dazu:

 Prediger 3,1-14   **21. August**

Unser Leben ist geprägt von Gegensätzen: Stress am Arbeitsplatz und die Entspannung am siebten Tag der Woche; die Trauer um den Verlust eines Menschen und die Freude über das neugeborene Kind; die Auseinandersetzung mit Gegnern und die Umarmung nach einer Versöhnung. Alles hat seine Zeit. Gott bestimmt das Datum, wann etwas eintreffen soll, und er bestimmt die Dauer, wie lange etwas währen soll – auch unser Leben. Diese zwei Kriterien setzen voraus, dass wir Gott ernst nehmen. Unser Leben in seiner Gegensätzlichkeit ist eine Schule, in der wir lernen, dass wir Gott brauchen. Die Gewissheit, dass Gott uns hält, macht uns glücklich und auch neugierig auf das, was er mit seiner geschenkten Zeit noch alles vorhat.

Meine Gedanken dazu:

 Jesaja 43,10-12+21 **22. August**

 Jesaja 44,8

 Psalm 145,4-6 + 11-12

 Apostelgeschichte 4,13-14+20

Gottes Existenz kann man nicht beweisen. Auf die Frage: „Wer ist Gott?", können Christen antworten, indem sie von Jesus erzählen, von dem, was sie mit ihm schon erlebt haben und was er gerade in ihrem Leben tut. Es gibt so viel, was Gott uns geschenkt hat. So viel, wofür wir glücklich und dankbar sein können. Das sind nicht Erfahrungen, bei denen wir nicht einfach nur Glück gehabt haben, sondern in denen wir die Wirklichkeit Gottes hautnah erlebt haben. Wenn nicht nur wir, sondern auch viele andere Christen von ihrem Leben mit Gott erzählen, gewinnt der christliche Glaube an Überzeugungskraft. Unsere Erfahrungen sind genauso wertvoll und überzeugend wie die Erfahrungen der Menschen, von denen wir in der Bibel lesen.

Meine Gedanken dazu:

 Matthäus 5,7

 **23. August**

Matthäus 18,21-35

Matthäus 20,1-16

Unrecht kann man ahnden. Dafür haben wir in unserem Rechtsstaat Gefängnisse. Aber Jesus möchte mehr. Er will, dass Täter wieder resozialisiert werden, damit sie anschließend aus Überzeugung das Richtige tun. Im Reich Gottes gibt es mehr als die Überwindung des Bösen durch Recht – nämlich Gnade. Eine Gnade, die befreit, die wieder integriert und zum Guten befähigt. Eine Gnade, die wir alle brauchen, die aber auch anstößig sein kann. Gott tut niemandem Unrecht, aber er tut uns allen mehr als Recht. Er schenkt uns nicht nur eine zweite Chance, sondern unbegrenzte Chancen. Wer das erlebt, für den ist Gnade und Barmherzigkeit eine Selbstverständlichkeit und auch, dass er mit Gottes Hilfe seine Feinde lieben kann.

Meine Gedanken dazu:

 Matthäus 18,3   **24. August**

Jesus hat eine klare Vorstellung davon, wie wir als Erwachsene sein sollen: wie die Kinder! Kinder können unbeschwert lachen und brauchen Freude und fröhliche Leute. Kinder können begeisternd staunen und brauchen viel Liebe. Kinder können geschickt spielen und brauchen ein Zuhause. Kinder können herzergreifend weinen und brauchen mitfühlende Tröster. Kinder können viel lernen und brauchen Anleitung und Führung. Kinder können sich großartig entwickeln und brauchen Zuwendung, aber auch Versagung. Kinder können stark werden und brauchen Annahme. Kinder können neugierig fragen und brauchen Zukunft. Kinder können jauchzen und brauchen den Segen Gottes und den Segen ihrer Mitmenschen.

Meine Gedanken dazu:

2. Mose 16,1-21   **25. August**

Keiner weiß, was der morgige Tag bringt! Was heute ein Vorteil für uns ist, kann morgen schon ein Nachteil sein. Wenn wir heute im Rampenlicht stehen, kann es passieren, dass wir morgen schon weg vom Fenster sind. Jobs kommen und gehen. Umso herausfordernder ist es, auf Gottes Versorgungsprinzipien zu vertrauen. Sein „himmlischer Livestream" passt zu jeder menschlichen Situation. Wer ohne Aussichten lebt und vielleicht noch denkt, dass früher alles besser war, der kommt ins Staunen darüber, wie Gott ihn versorgt. Jeden Tag neu. Und immer live. Nicht immer lässt Gott uns wissen, wie es mit uns weitergeht, aber er lässt uns immer erleben, dass er die Macht hat, das Himmlische mit dem Irdischen auf geniale Weise zu verbinden.

Meine Gedanken dazu:

2. Korinther 9,6-15   **26. August**

Dankgottesdienste geben uns gute Gelegenheiten, dankbar auf Gottes Segen zu blicken. Diese Gelegenheiten brauchen wir, denn wir sind verwöhnt durch die vielen guten Lebensmittel, die immer und überall in unserem Lande zu einem erschwinglichen Preis vorhanden sind. Diesen Luxus gibt es nicht überall auf der Welt. Umso wichtiger ist es, dass wir uns regelmäßig vor Augen malen, wie voll unsere Lebensmittelgeschäfte und Kühlschränke sind, denn es könnte schon morgen ganz anders aussehen – durch Regenfälle, Trockenheit oder Ernteausfälle. Wir sind alle auf Gottes Segen angewiesen und stehen auch in der Verantwortung, unsere guten Standortvorteile für andere einzusetzen. Alle Menschen haben das Recht auf Nahrung.

Meine Gedanken dazu:

 Matthäus 5,13-16

Johannes 8,12

Epheser 5,8

 **27. August**

Christen, die ein klares Profil zeigen, sind erkennbar. Sie sind das Salz der Erde, das Licht der Welt. So wie Salz Speisen haltbar macht, so bringen Christen Gottes Botschaft, die ihnen das ewige Leben anbietet, zu Menschen. So wie Licht die Dunkelheit erhellt, so bringen Christen Orientierung in eine dunkle Welt ohne Sinn und Ziel. Sie zeigen Profil. Salz kann man schmecken und Licht kann man sehen. Das ist wahrnehmbar und erkennbar. Jesus sagt, dass der, der ihm konsequent nachfolgt, an ihm – der Lichtquelle und dem Salzbergwerk – ständig angeschlossen ist. Somit haben wir ganz sicher Einfluss auf unser Umfeld, ob es uns immer bewusst ist oder nicht.

Meine Gedanken dazu:

📖 Psalm 7,9-10

📖 Psalm 35,24-26

📖 Psalm 62,4-8

28. August

Was geht in uns vor, wenn wir zu Unrecht beschimpft, von Neidern bestraft oder von Kollegen gemobbt werden? Was müssen wir uns alles anhören und aushalten, obwohl wir wissen, dass wir unschuldig sind und ihre bösen Beweggründe kennen. Für manche Menschen spielen Recht und Gerechtigkeit keine große Rolle. Die einzige Gerechtigkeit, die sich in einem solchen Chaos durchsetzt, ist Gottes Gerechtigkeit. Wenn Gott den Tod Jesu (Mt. 27,15-18) als Wiedergutmachung für unsere Schuld benutzt und somit für unsere Gerechtigkeit gesorgt hat, dann ist alles andere für ihn „Peanuts". Gott sorgt für Recht. Er bringt unser Recht an den Tag und heilt unsere Wunden, sodass wir Freudensprünge machen (Mal. 3,20).

Meine Gedanken dazu:

📖 Psalm 34,6 **29. August**
📖 Hebräer 11,6
📖 Psalm 37,5
📖 Psalm 116,10

Gott Vertrauen heißt nicht, dass wir bestimmte Aussagen über Gott für wahr halten, sondern dass wir den Sprung in seine Arme wagen. Gott vertrauen ist Sehen im Dunkeln und befreit uns von Sorgen und Ängsten. Trotzdem fällt es uns oft schwer, Gott zu vertrauen. Manchmal sind es Erfahrungen, Ängste oder falsche Gottesbilder, die uns daran hindern. Wer den Sprung dennoch wagt, ist zunächst oft orientierungslos und fragt sich, wie alles weiter- und am Ende ausgehen wird. In dieser Zeit ist Geduld angesagt und nicht die eigene Anstrengung, um sich aus der Situation zu befreien. Gott schickt uns zu seiner Zeit einen Lichtblick, der uns zum Strahlen und zu der Erkenntnis bringt: Ja, wir sind Getragene!

Meine Gedanken dazu:

 Jakobus 1,2-7   **30. August**

Jeder von uns möchte ein glückliches und gelingendes Leben, dennoch merken wir schnell, wie oft wir an uns selber scheitern. Wir werden kontinuierlich konfrontiert mit großen gesellschaftlichen Herausforderungen und erleben, dass die schnellen Antworten nicht mehr tragen. Wir brauchen dringend Hilfe – Gottes Weisheit und seine Kraft in allen Bereichen unseres Lebens. Und genau diese Weisheit und Lebensklugheit möchte Gott uns schenken. Ja, sogar sehr, sehr gerne! Er hält uns unsere Unwissenheit nicht vor, sondern hilft uns, das Richtige zu erkennen und zu tun, damit uns in jeder Hinsicht nichts fehlt.

Meine Gedanken dazu:

Matthäus 3,1-12

Matthäus 24,11+24

Titus 3,10

2. Petrus 2,1

1. Johannes 4,1

31. August

Wo alle recht haben, gibt es keinen Streit, und wo nicht alle recht haben, sollte es Streit geben. In der Bibel gab es viel Streit um Jesus, um den Weg zum Heil und um den richtigen Lebenswandel. Es gab Streit mit Verführern, Irrlehrern und falschen Propheten. Immer wieder meldeten sich Menschen mit Profil zu Wort, die Widerstand geleistet haben. Sie waren bereit, aus ihrer Komfortzone zu treten, um für die Wahrheit einzutreten. Sie kannten die Gleichgültigkeit der Moderne nicht. Sie liebten nicht die Harmonie, den Ausgleich oder die Unentschiedenheit um jeden Preis. Streiter Christi sind Menschen, die mit Liebe, Respekt und Argumenten unerschrocken um die Wahrheit ringen. Hut ab!

Meine Gedanken dazu:

Jeremia 18,1-12   *1. September*

Gott ist der wahre Künstler unseres Lebens. So wie ein geschickter Meister in einer Töpferstube, der gekonnt aus einem unförmigen Klumpen Ton ein brauchbares Gefäß formt, will Gott uns zu guten, brauchbaren Menschen machen. Auch wenn wir es nicht immer bewusst wahrnehmen, spielt sich doch unser ganzes Leben auf seiner Töpferscheibe ab. In seinen Töpferhänden sind wir gut aufgehoben und können ihn getrost machen lassen (Lk. 1,38). Er meint es gut mit uns. Er nimmt sein Handwerk sehr ernst und duldet keine Verunreinigungen. Schließlich steht sein Ruf als Meistertöpfer auf dem Spiel. Nicht nur sein Ruf, sondern auch unser Glück und unsere Nützlichkeit.

Meine Gedanken dazu:

1. Mose 3,1-15   ***2. September***

„Ich war's nicht! Du warst es! Du bist schuld daran!" Schon Adam und Eva haben dieses uralte Spiel gespielt. Dieses Spielchen ist ein schlechter und gemeiner Versuch, von der eigenen Schuld abzulenken, indem man sie auf andere abwälzt und sie zum Sündenbock macht. Mal beschuldigen wir den Partner, mal die Eltern, Kinder, Kollegen, Kirche und manchmal sogar Gott. Gott spielt bei diesem Spiel nicht mit, sondern zieht jeden von uns für seine eigene Schuld zur Rechenschaft. Nur wenn wir ehrlich zu unseren Fehlern stehen, sie bekennen, bereuen und von Jesus vergeben lassen, werden wir sie ganz los und können zuversichtlich in die Nähe Gottes treten und aufatmen. Gott überlässt es uns, wie wir mit unserer Schuld umgehen wollen.

Meine Gedanken dazu:

 Jesaja 9,5-6   **3. September**

Es gibt immer wieder Überraschungen im Leben. Manche geben uns Hoffnung, andere verwirren uns. Trotzdem steht Gott über all dem, was uns enttäuscht, verunsichert und beängstigt. Er ist unser Halt, wenn wir ungehalten werden. Er ist unser Friede, wenn Unruhe und Chaos sich breitmachen. Er ist unser Mutmacher, wenn wir entmutigt sind. Er ist unsere Stärke, wenn wir schwach sind. Er ist unsere Freude, wenn wir nichts mehr zu lachen haben. Alles, was Gott für uns sein möchte, steht in der Bibel. Diese müssen wir nur öffnen und lesen. Wer Gott durch die Bibel in sein Leben hineinreden lässt, der wird sich im Namen Jesu den Überraschungen in seinem Leben zuwenden und auch überraschende Erfahrungen mit Gott machen.

Meine Gedanken dazu:

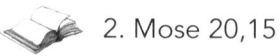 2. Mose 20,15   *4. September*

Die meisten von uns sind keine Steuerhinterzieher oder Schwarzarbeiter, die den Staat bestehlen, auch keine Ladendiebe. Aber vielleicht leben wir in anderen Beziehungen wie ein Dieb: Vielleicht beanspruchen wir die Anerkennung, die einem anderen zusteht. Oder wir gehen mit der Mode und stocken jährlich unsere Garderobe mit sehr günstigen Produkten auf. Damit sorgen wir dafür, dass in bettelarmen Ländern – wo die Löhne ohnehin niedrig, die Arbeitszeiten unbarmherzig und die Lebensqualität erbärmlich sind – die schlechten Arbeitsbedingungen erhalten bleiben. Wir berauben indirekt die armen Menschen in der Zwei-Drittel-Welt ihrer Chancen auf Lebensqualität, Bildung und medizinische Versorgung. Diebstahl hat viele Gesichter.

Meine Gedanken dazu:

📖 2. Mose 20,18-21

📖 5. Mose 13,5

📖 Jesaja 6,1-8

5. September

Manchmal haben wir Angst vor zu viel Nähe zu Gott. Wir fürchten ihn. Weil Gott so groß, mächtig und heilig ist, kann bei uns – wenn wir unsere Unvollkommenheit wahrnehmen – eine Ehrfurcht hervorgerufen werden, die eine persönliche und leidenschaftliche Verehrung Gottes mit sich bringt. Wer Gott in diesem Sinne „fürchtet", denkt und handelt richtig. Gott ernst nehmen ist der Anfang von Erkenntnis, Weisheit und Lebensklugheit (Spr. 1,7 + 9,10). Gottesfurcht ist der Schlüssel für ein erfolgreiches Leben.

Meine Gedanken dazu:

1. Korinther 12,8   **6. September**

 1. Korinther 12,28

 1. Thessalonicher 5,12-22

 Epheser 4,29

Geistlich sensible Christen können durchaus Worte der Weisheit oder Erkenntnis an andere weitergeben. Doch ihre Worte haben nicht automatisch dasselbe Gewicht wie zum Beispiel die Worte von Paulus, Petrus oder Johannes, deren Worte wirklich das Wort Gottes sind. Nur die Bibel ist *das* Wort Gottes. Ein erbauliches oder korrigierendes Wort von Gott – sei es aus der Bibel oder in Form einer geistlichen Gabe – wird von Gottes Geist bestätigt werden, der in der Person lebt, die ein Wort für andere hat. Wenn es nicht von Gott bestätigt wird, können wir das Wort ignorieren – egal, von wem es kommt. Gott alleine ist derjenige, vor dem wir Rechenschaft ablegen müssen, wenn alles gesagt und getan ist.

Meine Gedanken dazu:

Markus 14,27-31 + 66-72   **7. September**

Johannes 21,1-19

Psalm 145,8

Gott schenkt uns seine Gunst und sein Wohlwollen unverdient und ohne Rücksicht auf unsere Erfolge bzw. Misserfolge in Bezug auf unsere Bemühungen, in seinen Augen gut genug zu sein. Mit dem Tod Jesu am Kreuz hat er alles in Ordnung gebracht, und mit dem Abendmahl (Brot und Wein) hat er zwischen sich und uns das Zeichen der Vergebung aufgerichtet. Wenn wir der Gnade Gottes trauen, dann brauchen wir die Wahrheit über uns nicht zu fürchten. Es gibt immer mehr Gnade bei Gott, als es Sünde bei uns Menschen gibt. Jesus begegnet uns da, wo wir sind oder wo wir stehen geblieben sind, und geht mit uns von dort weiter. Er hilft uns, seine Ziele in Würde zu erreichen.

Meine Gedanken dazu:

 Johannes 14,27

Wir haben einen Vater im Himmel, der uns seinen übernatürlichen Frieden schenken will – auch dann, wenn alles drunter und drüber geht in unserer kleinen und großen weiten Welt. Die äußerliche Gelassenheit und innerliche Ruhe, die er uns verspricht, entspringen nicht aus irgendwelchen Menschen oder Umständen, sondern aus der Verbindung zu Jesus. Er ist unsere Tankstelle für Frieden. Unsere Aufgabe ist es, bei ihm aufzutanken. Wir müssen ihm sagen, wo der Schuh drückt. Dann wird Gott selber wie ein Wächter um unsere Gedanken marschieren und sie schützen und im Guten bewahren. Wie das passieren soll, übersteigt all unser menschliches Begreifen, aber es passiert (Phil. 4,7). Dafür haben wir sein Wort.

Meine Gedanken dazu:

 Jesaja 61

9. September

Gott bringt Licht, Trost und Heilung in unser Leben durch Jesus Christus und die Zusagen Gottes – egal, wie dunkel und schwer unser Leben sein mag. Durch die Worte und die Geschichten der Bibel meldet sich Gott selbst zu Wort – damals wie heute. Er spricht gute Nachrichten direkt in unsere trostlose Situation, wenn wir seine Worte lesen und uns an ihm festhalten. Durch diese Beziehung sind wir nicht mehr Opfer unserer selbst gewählten Unfreiheit durch Süchte, Zwänge oder Verstrickung in Schuld, sondern wir können uns frei entfalten und anderen auf dem Weg zur Entfaltung beistehen und sie ermutigen.

Meine Gedanken dazu:

📖 Matthäus 10,16   **10. September**

📖 1. Timotheus 6,12

📖 Jesaja 40,29-31

Glaubenskämpfe sind real und anstrengend. „Schafe gegen Wölfe" können nur überleben und Gutes bewirken, wenn sie einen kompetenten Hirten haben, auf den sie sich hundertprozentig verlassen können. Er macht sie stark und sorgt dafür, dass sie immer genug Kraft und Ausdauer haben. Den Kampf des Glaubens im Sinne Jesu kämpfen heißt nicht, dass wir ungehalten werden oder eine Tempelreinigung vornehmen müssen (Mk. 11,15-19). Wir brauchen dazu auch kein Geld oder einen bestimmten Status. Wir brauchen uns nur auf Gott zu verlassen und die Wahrheit zu sagen. Gott kämpft für und mit uns.

Meine Gedanken dazu:

 Matthäus 28,19

11. September

 Römer 10,14-17

2. Timotheus 4,2

2. Thessalonicher 3,1-2

Die Religionsfreiheit in unserem Land gibt uns grünes Licht, unseren Glauben auszusuchen und auszuleben. Das entspricht auch Gottes Denken, denn jeder Mensch kann, muss aber nicht mit ihm leben. Er hat uns den freien Willen gegeben zu entscheiden, wie wir leben wollen. Wer sich für ein Leben mit Gott entscheidet, bekommt auch grünes Licht, seinen Glauben immer und überall mutig auszuleben, nicht nur zu Hause oder in der Kirche, ohne dabei anderen ihren Glauben abzusprechen. Gott und die Unterstützung des Gebetes von Christen wird uns dabei helfen.

Meine Gedanken dazu:

Jeremia 20,7-18

Psalm 62,9

12. September

In der Bibel gibt es nicht nur Loblieder, sondern auch viele Klagelieder. Es gab schon immer gottesfürchtige Menschen, die nicht nur im Glauben gewachsen sind, sondern die auch die Erfahrung gemacht haben, dass ihr Vertrauen in Gott erschüttert worden ist. Ihnen hat es geholfen, Gott all das zu sagen, was in ihrem Herzen ist, und nicht das, was sie meinten, was in ihrem Herzen sein sollte. Sie haben nichts versteckt und sich nicht frömmer gegeben, als sie waren. So können und sollen wir es auch machen, wenn wir Gott und die Welt nicht mehr verstehen. Gott kann sehr gut damit umgehen, und außerdem ist unser Klagen vor ihm ein Beweis dafür, dass wir die Beziehung zu ihm nicht ganz aufgegeben haben.

Meine Gedanken dazu:

Markus 10,21

 **13. September**

1. Timotheus 6,10

Hebräer 13,5

Gott hat nichts gegen Geld. Jeder Mensch braucht Geld. Manche haben viel, andere wenig. Wer zu wenig oder weniger als andere hat, soll sich vor Neid und Diebstahl hüten. Wer viel hat, soll aufpassen, dass er sein Herz nicht daran verliert, sondern weiß, dass er eine Verantwortung für diejenigen hat, die kein oder kaum Geld haben. Reichtum und Wohlstand sind kein Selbstzweck. Sie gehören zu den Dingen, die Gott uns anvertraut hat, damit wir anderen Menschen und seinem Reich dienlich sein können. Wenn wir zu den Menschen gehören, denen Gott viel anvertraut hat, dann traut er es uns auch zu, seine Gaben in seinem Sinne zu verwalten und einzusetzen.

Meine Gedanken dazu:

 Psalm 127,2

**14. September**

Psalm 4,9

Markus 4,26-29

Gut schlafen können ist ein großes Geschenk. Es ist eine Tätigkeit bzw. Untätigkeit, die zum Ausdruck bringen kann, dass wir Gott von ganzem Herzen vertrauen. Quälende Fragen und Sorgen loszulassen und sie Gott anzuvertrauen – mit Dank für das, was ER uns schon geschenkt hat – kann uns helfen, sogar in bedrohlichen Situationen abzuschalten. Zu wissen und zu glauben, dass letztendlich nur Gott derjenige ist, der über uns wachen und die widrigen Umstände verändern kann, beruhigt unglaublich (Phil. 4,6-7). Mit Gottes Zusagen, mit seiner Hilfe zu rechnen, bewahrt unser Denken und Wollen im Guten, manchmal auch nachts.

Meine Gedanken dazu:

 Offenbarung 7,9-17   **15. September**

Einmal wird alles gut – so gut wie am Anfang, als Gott die Welt erschaffen hat. Schon seit dem Sündenfall von Adam und Eva ist Gott dabei, die einst so paradiesische Schöpfung in ihren ursprünglichen Zustand zurückzuführen. Dieser Einsatz Gottes wird dann zu Ende sein, wenn Jesus wiederkommt. Dann wird Gott alles und in allem sein. Dann wird alles gut, und wir werden belohnt dafür, dass wir an Jesus festgehalten haben. Diese Botschaft soll uns trösten und uns einen Vorgeschmack von dem geben, was Gott für uns bereithält. Das ist eine Botschaft, die es lohnt weiterzusagen, denn es ist unsere einzige und letzte Hoffnung, wenn unsere eigene Welt oder die der anderen zerbricht.

Meine Gedanken dazu:

 Jeremia 5,26-31

1. Petrus 2,1-3

16. September

Machtgerangel, Skrupellosigkeit, Materialismus, Bereicherung auf Kosten anderer oder Rücksichtslosigkeit – das wird laut Bibel tatsächlich von manchen Menschen nicht nur geduldet, sondern gern gesehen. Wie furchtbar! Dafür gibt es harsche Kritik in der Bibel. Aber das alles betrifft doch nur die anderen, oder?! Die Frage an uns ist: Wie können wir zu dem stehen, was wir in Gottes Augen als richtig erkannt haben? Wir können ja nicht die ganze Welt umkrempeln, aber wir können unsere kleine Welt verbessern. Wir können anfangen, uns konsequent dafür einzusetzen, dass Gottes Wille und seine Werte wie Achtsamkeit, Glaubwürdigkeit, Nächstenliebe, die Würde des Menschen oder Solidarität auch im Kleinsten vorankommen.

Meine Gedanken dazu:

📖 1. Timotheus 2,1-2

📖 Kolosser 1,9-10.28

📖 Matthäus 18,20

📖 Epheser 6,18

17. September

Alle Menschen sind wertvoll und brauchen Gottes Hilfe und Heilung. Je mehr wir von Menschen wissen, desto größer ist die Chance, dass wir sie verstehen, ihnen helfen und auch konkreter für sie beten können. Menschen zur Seite zu stehen, ist ein geistliches Geschehen. Es beinhaltet in erster Linie, dass wir uns (vielleicht auch zusammen mit dem Bedürftigen) an Gott wenden und von Gott erfahren, was der Bedürftige braucht: Trost, Schutz, Zuspruch, Heilung oder Korrektur. Gott selbst ist der Seelsorger. Er ist es, der den Bedürftigen am besten kennt und durch seinen heiligen Geist an ihm handelt. Wenn wir Menschen zur Seite stehen, lassen wir uns als Werkzeug in der Hand Gottes gebrauchen und handeln im Namen Jesu.

Meine Gedanken dazu:

Apostelgeschichte 3,19   **18. September**

 Römer 2,4

 Offenbarung 2,5 + 3,19

 1. Johannes 1,9

Kaum etwas weckt mehr Aufmerksamkeit, als wenn die Fehler der anderen enthüllt werden. Wir haben anscheinend nichts dagegen, wenn Schuld aufgedeckt wird, solange es nicht unsere eigene ist. Die Bibel dagegen spricht uns offen und direkt auf unsere Schuld an. Das geschieht aber nicht in einer erniedrigenden Weise. Gott ringt um uns, sucht trotz allem das Gespräch mit uns. Er nimmt uns als verantwortliche Wesen ernst. In der Buße geht es darum, zu dieser Verantwortung zu stehen. Es geht um die Chance, uns mit dem, was schief gelaufen ist, auseinanderzusetzen und zu wollen, dass es demnächst anders wird. Ganz neu (Galater 2,20). Dieser Wunsch nach Umkehr und Neugestaltung unseres Lebens wird durch Gottes Güte bewirkt.

Meine Gedanken dazu:

 1. Korinther 11,26-34 **19. September**

Matthäus 10,7-8

Apostelgeschichte 5,16

Es gibt kein Patentrezept, das all unsere Nöte beseitigt und unseren Herzen Erleichterung schenkt. So gut und wichtig die Selbstdisziplin, Geduld und Ausdauer, gute Beratung und die Hilfe anderer sind, wir kommen manchmal trotzdem an unsere Grenzen. Was tun? Wir können prüfen, ob wir wirklich begriffen haben, dass Gott uns liebt, uns in allem versorgt und aus unserer Situation das Beste machen kann. Wir können prüfen, ob wir ein falsches Gottesbild haben oder in Schuld verstrickt sind oder von unreinen Geistern geplagt werden. In letzterem Fall bietet Gott uns Befreiung durch das Gebet eines Seelsorgers an, wo die Finsternis in die Schranken gewiesen und uns die Freiheit im Namen Jesu zugesprochen wird.

Meine Gedanken dazu:

📖 Psalm 104,33

📖 Psalm 40,4

📖 Lukas 1,46-50

20. September

Singen ist nicht jedermanns Sache – ganz zu schweigen von spezifischem Liedgut, ob alt oder neu. Doch wenn das Herz voll ist, dann geht der Mund über, ob beim Singen oder Reden (Lk. 6,45). Unser Vater im Himmel gibt uns so viel Grund, ihn zu loben. Da ist die Schönheit seiner Schöpfung (Ps. 104,24) und Freude, dass er sie ordnet, versorgt und erhält (Ps. 104,27). Wenn die Schöpfung Gottes schon so wunderbar ist, wie herrlich muss dann erst der Schöpfer sein. All dieses Wissen macht unseren fröhlichen Gesang (oder auch Lärm) nicht besser, aber es erfüllt unser Herz mit Lob. Gott sieht unser Herz, und das jubelt ihm zu.

Meine Gedanken dazu:

 Prediger 1,9   **21. September**

Der Begriff „Es gibt nichts Neues unter der Sonne" beschreibt das Leben des Menschen losgelöst von Gott – er ist Teil eines Kreislaufs, aus dem er selbst nicht entkommen kann. Nur die Ausrichtung auf Gott schenkt dem Menschen ein Leben *über* der Sonne – ewiges Leben, ein Leben mit Gott. Das heißt nicht, dass das Leben *unter* der Sonne nicht lebenswert ist – es ist einfach unmöglich zu ergründen. Es ist und bleibt vergänglich: Der Mensch kommt vom Schöpfer und steht wieder vor seinem Schöpfer. Wer sein Leben sinnvoll gestalten möchte, erkennt die Souveränität Gottes an und kann mit dem Mysterium des Lebens umgehen; er vertraut Gott und kann das Leben genießen; er weiß, dass Gott gerecht ist, und lernt, verantwortungsvoll zu leben.

Meine Gedanken dazu:

Hebräer 13,8

Offenbarung 22,13

22. September

Alles bleibt anders! Veränderung ist ganz normal. In die Zukunft gehen bedeutet, sich zu verändern, denn die Zukunft ist anders. Da fragt man sich: Was bleibt? Gott bleibt, und er bleibt bei uns. In der Mitte von allem, was noch auf uns zukommt, steht der Zuspruch: „Ich bin der Anfang und das Ende!" Auch morgen wird Gott Menschen zu sich rufen und sein Reich bauen. Auch unser Auftrag bleibt gleich. Er lautet, Menschen zu Gott einzuladen und uns gegenseitig zu helfen, Jesus nachzufolgen. Auch wie wir unseren Auftrag ausführen, bleibt gleich: im Vertrauen auf Gott, dass er heute noch wirkt und dass er durch uns wirkt. Es stimmt also: Alles wird anders, und doch bleibt alles gleich.

Meine Gedanken dazu:

📖 Hebräer 13,5

📖 Jakobus 4,13-17

📖 1. Timotheus 6,10

📖 Lukas 12,15

23. September

Die Bibel spricht viel über Geld, Vermögen und darüber, wie wir sinnvoll haushalten sollen. Sie spricht auch über die Gefahren und den Segen des Geldes. Nicht etwa das Geld ist das Problem, sondern die menschliche Habgier. Geldgier hat die Macht, unser Leben zu zerstören. Geld ist oft ein Grund für gescheiterte Beziehungen. Richtiger Umgang mit Geld im Sinne Gottes heißt: den negativen Geist des Geldes erkennen und zurückweisen; Gottes Versorgung vertrauen; regelmäßig den Zehnten geben; ein treuer Verwalter von dem sein, was Gott uns anvertraut hat; entscheiden, wie viel „genug" ist, und Schulden in Angriff nehmen. Gott lobt diejenigen, die mit ihren anvertrauten materiellen Mitteln sein Reich bauen und nicht ihren Wohlstand.

Meine Gedanken dazu:

Matthäus 28,1-10　　**24. September**

Manchmal denken wir, die beste Form der Anbetung sei das, was wir in einer Gemeinde oder auf einer christlichen Freizeit oder in unserer Stillen Zeit singen und beten. Aber manchmal fordert Jesus uns auf, mutig von seiner Auferstehung zu erzählen. Gott anzubeten und zu ehren, das kann überall geschehen. Die Tatsache, dass Jesus auferstanden ist, heißt, dass er mitten unter uns ist und unser Lob und unsere Bitten hört. Wo immer sich Christen sammeln, um Gott zu ehren, ist er gegenwärtig. Dass Jesus wirklich lebt, dass er bei uns ist und auch schon dort ist, wo er uns hinschickt, das sollen Nachfolger Jesu sich gegenseitig vor Augen halten und überlegen, wem sie noch von Jesus erzählen können.

Meine Gedanken dazu:

Markus 6,1-6

25. September

Wie schnell stecken wir Menschen in Schubladen – in Kategorien, die auf unseren Meinungen basieren. Und dann gilt nur noch: einmal drin, immer drin. Veränderungen erwarten wir kaum oder gar nicht. Die Menschen damals hatten Jesus auch in eine Schublade gesteckt, nach dem Motto: „Kann aus unserem Umfeld etwas Gutes kommen?" (Joh. 1,46)! Allzu große Vertrautheit kann Verachtung erzeugen, und zu niedrige Erwartungen können auch Träume verblassen lassen. Jesus wurde falsch eingeschätzt, aber auch heute gilt noch: Wenn ein Mensch zu Jesus gehört, kann er sich verändern (2. Kor. 5,17). In Gottes Familie gibt es keine Schubladen, weil sie für Menschen, die Jesus im Herzen haben, viel zu klein sind!

Meine Gedanken dazu:

1. Samuel 28,3-19

Obwohl wir von Gott berufen und gebraucht werden und wir uns alle Mühe geben, Gottes Sache voranzubringen, machen wir Fehler. Sie unterlaufen uns einfach. Dabei geraten wir in Panik, machen noch mehr Fehler und landen auf einer abschüssigen Bahn ohne Gott. Niemand ist da, der uns bremst, der uns an der Hand nimmt und zurückreißt. Auch Gott scheint unerreichbar. Was tun? In solchen Situationen greifen wir manchmal zu unerlaubten Notbremsen – in diesem Fall Wahrsager und Totenbeschwörer – und stellen fest, dass alles nur noch schlimmer wird. Wenn wir Gott und seine Gebote missachten, bestehen wir unsere „Unheilsmomente" nicht. Wenn wir aber Gott und unserer Sache treu bleiben, dann werden wir bestehen, was wir bestehen müssen.

Meine Gedanken dazu:

1. Petrus 3,15   **27. September**

Der erste Satz im „Vater unser" lautet: „Unser Vater im Himmel, geheiligt werde dein Name!" Das zeigt, dass das Wichtigste im Herzen von Jesus war, dass der Name seines Vaters geheiligt wird. Das gilt auch für Jesus. Und Jesus als Herrn in unserem Herzen heiligen bedeutet, dass wir ihn als das heiligste Wesen betrachten. Er ist einzigartig – eine Klasse für sich! Er steht an höchster Stelle, er ist unser höchstes Gut, unser größter Gewinn und verdient unsere größte Anerkennung. Er ist derjenige, den wir mehr als alles andere lieben und ehren – auch in seiner Rolle als Herrscher über unser Leben. Und das heißt, dass wir bereit sein sollen, unser ganzes Leben ihm zur Verfügung zu stellen – egal, was es uns kostet.

Meine Gedanken dazu:

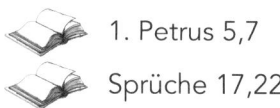 1. Petrus 5,7   **28. September**

Sprüche 17,22

Das Loslassen von Sorgen ist eine Sache der Entscheidung. Menschen, die sich grundsätzlich freuen, trotzen konsequent ihren Freudenfressern. Sie erwarten, dass gute Dinge dennoch passieren. Zum Beispiel, wenn sie sich Sorgen um ihre Krankheit machen, trotzen sie dieser mit der Tatsache, dass Gott nahe ist und hilft (Ps. 34,19-20; Röm. 5,3-5). Wenn sie sich Sorgen ums Altwerden machen, trotzen sie diesen Gedanken mit der Tatsache, dass Gott sie bisher getragen hat und das auch weiterhin tun wird (Jes. 46,4). Wenn sie sich Sorgen ums Sterben machen, trotzen sie diesen Gedanken mit der Tatsache, dass sie Gott gehören, ob sie leben oder sterben (Röm. 14,7-9). In diesem Sinne trotzig zu sein, ist richtig gut.

Meine Gedanken dazu:

 Hebräer 4,16   **29. September**

Jeder Mensch braucht mal Hilfe. Wir sind ja nicht Gott. Als Menschen haben wir Nöte, Bedürfnisse, Schwächen und Einschränkungen. Aber wir haben auch Sünden – wir sind nicht vollkommen. Deswegen stehen wir oft in der Gefahr zu glauben, dass wir die Hilfe, die wir für uns, unsere Beziehungen, Arbeit, Finanzen oder Gesundheit brauchen, nicht verdienen. Was tun? Wir können unsere Bedürftigkeit ignorieren, sie leugnen oder auch auf „ich bin doch so stark" machen. Wir können in Selbstmitleid, Verzweiflung und Vereinsamung abdriften, oder wir können zuversichtlich Gottes unverdiente Gnade in Anspruch nehmen. Eine Gnade, die uns wirklich hilft und uns Liebe und Erbarmen schenkt, wenn wir sie brauchen.

Meine Gedanken dazu:

 Psalm 4   *30. September*

Es ist nicht immer so offensichtlich, dass Gott seine „Heiligen" wunderbar führt. Manche der Wege, die Gott uns führt, erscheinen uns als großer Umweg, Sackgasse oder Irrweg. In solchen Situationen helfen uns vier Dinge:
1. Dass wir in dem Wissen leben, dass Gott uns führt und wir uns deshalb an ihn wenden – er hört, wenn wir rufen.
2. Dass wir uns nicht von der Beschaffenheit unseres Weges bestimmen lassen, sondern von Gott, der unseren Weg kennt.
3. Dass wir alles dransetzen, in Reichweite (Hörweite) Gottes zu bleiben.
4. Dass wir uns in Geduld üben und uns Gottes Zeitplan unterordnen.
All das fällt uns leichter, wenn wir begreifen, dass Gott die Ewigkeit gehört und er uns ewiges Leben schenkt.

Meine Gedanken dazu:

 Markus 6,7-13   **1. Oktober**

Von Jesus können wir lernen, wie wir selber Menschen führen und fördern können. Er bevollmächtigte seine Nachfolger und gab ihnen dabei genaue Anweisungen, was sie zu tun hatten. Er versprach ihnen nicht, dass alles glatt laufen würde, sondern er zeigte ihnen, wie sie auch mit schwierigen Situationen umgehen sollten. Für die Jünger Jesu war es entscheidend, dass er sie bevollmächtigt hatte. Das tut Jesus auch heute noch. Wenn er uns beruft – alleine oder im Team – dann gibt er uns auch einen Auftrag, eine Aufgabe, die zu uns und zu den anderen passt. Und er befähigt uns, aus seiner Kraft heraus diese Aufgabe zu tun. So können wir uns mutig und zuversichtlich einsetzen lassen.

Meine Gedanken dazu:

1. Petrus 3,8-12 — **2. Oktober**

Menschen in der westlichen Welt sind bekannt dafür, dass sie auf hohem Niveau jammern. Dieser Geist der Kritik macht nicht Halt vor unseren christlichen Gemeinden. Dabei ist die ideale Gemeinde ab dem Zeitpunkt nicht mehr ideal, wenn wir selbst dort Mitglied sind. Trotzdem: Unsere Gemeinde wird eine liebende Gemeinde sein, wenn wir unsere Geschwister lieben. Unsere Gemeinde wird eine freundliche Gemeinde sein, wenn wir auf andere zugehen. Unsere Gemeinde wird eine zuvorkommende Gemeinde sein, wenn wir andere achten. Unsere Gemeinde wird dieselbe Gesinnung haben, weil wir uns bemühen, mit allen in Frieden zu leben. Die ideale Gemeinschaft ist nicht die, wo alles für mich ideal ist, sondern wo sich alle bemühen, Jesus nachzuahmen.

Meine Gedanken dazu:

 Hesekiel 36,16-38 **3. Oktober**

Unsere Herzen sind oft für alles zu haben. Das gilt für Dinge von netten, nützlichen Kuriositäten bis hin zu schrecklichen, nutzlosen Wünschen. Nicht immer kommt es zur Deckungsgleichheit zwischen unseren und Gottes Herzensanliegen. Sollte es tatsächlich passieren, dass unsere Herzen mit Gottes Herz synchron schlagen, nach dem Motto: „Vater unser, dein Wille geschehe…", dann atmen wir auf und alle anderen um uns herum auch! Und manchmal sogar ganz tief durch.

Meine Gedanken dazu:

Matthäus 13,3-9+18-23   **4. Oktober**

Das entscheidende, rettende und dynamische Handeln Gottes in dieser Welt wurde mit dem Wirken, dem Tod und der Auferstehung Jesu eingeläutet. Jesus hatte Gottes Reich durch Wunder, Gleichnisse und Lehrpredigten verkündet. Er hat das Himmelreich als froh machende Nachricht in den Menschen hineingesät, aber niemals aufgezwungen. Es ist wie eine gute Saat – sie wächst von selbst und wird überaus groß, wenn der „Boden" gut ist – sprich, wenn ein Mensch die Botschaft an sich ranlässt und Gottes Wort Priorität vor allen anderen Angelegenheiten seines Lebens hat. Am Ende der Zeit, wenn Gott Gut und Böse beurteilt, wird sich zeigen, wer zu seinem Reich gehört und wer nicht, denn Gottes Botschaft steht in Konkurrenz zu anderen Botschaften, die Menschen annehmen.

Meine Gedanken dazu:

 Hebräer 5,11-14   **5. Oktober**

Wer im Glauben reifen und mehr von Gottes Wort verstehen will, dem verspricht die reichhaltige „Milch" (Gottes Wort), dass sie ihm eine moralische Wahrnehmung, eine geistliche Grundhaltung schenkt, um Gut und Böse zu unterscheiden. Gottes Wort aufzunehmen, ist eine moralische Herausforderung, nicht eine intellektuelle. Wenn wir feste Nahrung aus der Bibel verdauen wollen, müssen wir unser Wahrnehmungsvermögen durch beharrliche Übung schärfen. Das heißt, wenn wir über manche Aussagen der Bibel stolpern, kann es sein, dass wir etwas tun, das Gott nicht gefällt. Der Weg zur Reife ist Gehorsam, nicht übergroßes Wissen. Deswegen kann es durchaus sein, dass ein einfältiger Mensch einen intellektuellen an geistlicher Reife und Bibelverständnis übertrifft.

Meine Gedanken dazu:

 1. Thessalonicher 5,16-18   **6. Oktober**

Es gibt steile Vorlagen in der Bibel. Zum Beispiel, dass Gott möchte, dass wir ihm in allen Lebenslagen danken. Aber ist das überhaupt möglich? Ja, das ist es! Es mag vielleicht Aspekte unserer Lebensumstände geben, die Gott nicht gewollt hat (selbst verschuldete Probleme oder die Gebrochenheit einer gefallenen Welt), aber es gibt in jeder Lebenslage Aspekte, für die wir dankbar sein können. Zum Beispiel, dass Gott bei uns ist, dass er unser Herz durch die Umstände formen kann, dass er uns hilft, liebevoll und vertrauensvoll zu reagieren, dass er uns Menschen zur Seite stellt oder dass er Gutes durch uns wirkt, von dem wir noch nichts wissen. Dankbarkeit verändert, wie wir unsere Lebensumstände erleben und auch Gottes Güte sehen.

Meine Gedanken dazu:

📖 Johannes 6,11 **7. Oktober**
📖 Apostelgeschichte 14,17
📖 1. Mose 1,29 + 2,9 + 9,3
📖 1. Korinther 10,31

Viele Menschen sind es gewohnt, täglich vor einem reich gedeckten Tisch zu sitzen. Aber gerade in der Gewohnheit besteht die Gefahr, dass wir das wahre Genießen verlernen. Wir vergessen, bewusst mit Jesus zu schlemmen und ihn dabei zu ehren. Wenn jeder Tag ein „Festtag" ist, kann es schnell passieren, dass uns Gottes Freundlichkeit selbstverständlich wird. Gott möchte aber, dass wir seine Welt so genießen, dass es ihm Ehre macht. Er möchte, dass wir unsere Mahlzeiten so erleben, dass wir seine übernatürliche Güte schmecken und seine Großzügigkeit feiern, während wir die natürlichen Gaben zu uns nehmen. Ein Tischgebet kann ein Ausdruck unseres Dankes gegenüber Gottes Freundlichkeit sein.

Meine Gedanken dazu:

 Lukas 9,23 — **8. Oktober**

Jesus nachfolgen ist nicht immer leicht, besonders dann, wenn wir etwas zu verlieren haben, wie zum Beispiel Status, Geld oder Besitz. Manchmal fordert Nachfolge von uns, dass wir bereit sind, Opfer für Jesus zu bringen. Dass wir an die Existenz Gottes glauben und ihm gefallen wollen, ist für uns vielleicht keine Frage. Das Problem ist eher, dass uns Gottes Antworten auf unsere Fragen nicht immer gefallen. Wir wollen etwas Bestimmtes hören. Wir wollen hören, dass unser Leben, so wie wir es leben, in Ordnung ist! Aber Jesus legt den Finger auf unsere wunden Stellen – auf das, was in unserem Herzen wichtiger ist als er. Er lädt uns ein, ihn an erste Stelle zu setzen, was keineswegs heißt, dass wir dabei zu kurz kommen. Im Gegenteil, wir können Gott nichts schenken, ohne selber beschenkt zu werden (Verse 28-30).

Meine Gedanken dazu:

 Johannes 8,31-32   **9. Oktober**

Nichts kann unser Leben so verändern wie die Bibel. Gottes Wort hat die Macht, uns von Süchten, Egoismus, Selbstverliebtheit, Neid, Lieblosigkeit und vielem mehr zu befreien. So sehr, dass wir wundervolle Menschen, Freunde, Partner, Eltern, Großeltern, Geschwister, Mitarbeiter, Chefs und Bürger unseres Landes werden. Gesetze können keine Menschenherzen verändern, nur Gott kann das. Seine Wahrheit macht uns frei. Auch wenn es uns richtig schwerfällt, Gottes Wort zu gehorchen, es bleiben seine Worte, die uns frei machen. Wir lesen so viele Zeitschriften, Zeitungen und Bücher, warum nicht mehr in der Bibel lesen, um Gottes Wahrheiten zu entdecken? Die Frage ist: Wer hat das Sagen in unserem Leben: Gottes Wort oder die Meinung der Mehrheit?

Meine Gedanken dazu:

 Psalm 51,12-14   **10. Oktober**

Vielleicht haben Sie in Ihrem Leben schon erlebt, wie die Freude Sie erfüllt hat, als Sie Gottes Liebe kennenlernten, als Sie verstanden, dass Jesus für Sie gestorben ist. Vielleicht kannten Sie das Gefühl, wenn der Heilige Geist in Ihnen lebte und wirkte. Doch vielleicht ist das schon lange her. Wie sieht es heute mit dieser Freude aus? Ist sie Ihnen gestohlen worden durch den Alltagsstress? Wenn das der Fall ist, möchte Gott diese Freude bei Ihnen wiederherstellen. Das wird vielleicht nicht von jetzt auf gleich passieren, aber Sie können Freude an Gott, Freude im Leben und Freude an Menschen wiederentdecken, auch wenn das Leben alles andere als fröhlich ist. Wenn Sie das möchten, bitten Sie Gott einfach darum, denn in seiner Nähe kommt diese unerklärliche Freude.

Meine Gedanken dazu:

Hesekiel 36,33

Jesaja 51,3

Jesaja 61,4

11. Oktober

„Scherben bringen Glück!" Komisch! Ausgerechnet das, was zerstört ist, soll etwas Erfreuliches hervorbringen. Dabei kann ein zerbrochener Gegenstand oder ein Haufen Trümmer niemals wieder so hergestellt werden, wie er einst war. Ob das auch für Beziehungen gilt? Für die Beziehung zu Gott ganz sicher nicht. Egal wann und warum wir unsere Beziehung zu Gott abgebrochen haben, sie ist von Gottes Seite niemals völlig zerstört. Das zeigt uns seine unbegrenzte Liebe, die er uns in Jesus anbietet. Von unserer Seite aus erfordert das, dass wir uns erneut auf eine Beziehung zu ihm einlassen und unsere Fehler eingestehen. Dieser Schritt ist der Kitt der Versöhnung mit Gott – ein Gott, der uns weder ewig etwas vorhält noch nachträgt.

Meine Gedanken dazu:

Sprüche 30,8-9

Philipper 4,12

12. Oktober

Normalerweise müsste die allgemeine Zufriedenheit in einem ähnlichen Verhältnis ansteigen wie das äußere Wohlergehen. Aber die Realität sieht anders aus. Der zunehmende Luxus ist zum Nährboden für die Unzufriedenheit geworden. Dennoch zeigt uns die Bibel, dass es möglich ist, mit Überfluss und mit Mangel zu leben. Dank eines inneren Reichtums, der unser Herz erfüllt, können wir in jeder Lage zurechtkommen, ohne die Ausstrahlung unserer Zufriedenheit zu verlieren. Wir können dankbar und verantwortlich mit Gütern umgehen und nicht über unsere Verhältnisse leben und darüber hinaus auch eine offene Hand für andere und anderes haben. Ein Leben, das so viele reiche innere Werte besitzt, wird nicht ohne Einfluss auf sein Umfeld bleiben.

Meine Gedanken dazu:

Hiob 2,13
Römer 12,15
2. Korinther 1,7

Menschliches Leben ist sehr zerbrechlich. Von jetzt auf gleich kann einem Menschen etwas Schlimmes passieren, das sein Leben auf den Kopf stellt. Nach dem ersten Schrecken stellt sich oft die Frage: Warum ausgerechnet der oder die? Warum jetzt und warum so? In solchen Situationen ist es gut, wenn wir Raum und Zeit bieten für Trauer, Klage, Gespräche, Gebete, Trost und den Betroffenen nicht in seinem Schrecken und Schmerz alleine lassen – gegebenenfalls Tag und Nacht bei ihm sind. Gut ist auch, wenn wir nicht zu schnell anfangen, das Unglück zu analysieren. Vielleicht wird Gott die Frage nach dem „Warum" nicht unmittelbar beantworten. Das Beste ist, den Schmerz vor Gott auszusprechen. Er ist ein mitleidender Gott – das gibt Halt.

Meine Gedanken dazu:

Lukas 1,26-38   **14. Oktober**

Wie flexibel sind Sie? Wie spontan könnten Sie sich auf einen göttlichen Überraschungsüberfall einlassen? Zum Beispiel auf eine neue Aufgabe, eine Heirat, einen Umzug, ein Kind? Vertrauen zu Gott heißt, dass wir Gott nicht auf unsere Vorstellungskraft begrenzen, sondern dass wir seinen Zusagen und seiner Führung vertrauen. Dieses Wissen führt uns zu einem fröhlichen Ja. Frage: Wie haben Sie zuletzt auf Gottes Ideen für Ihr Leben reagiert? Mit Skepsis oder sogar Ablehnung? Ergreifen Sie mutig alle Möglichkeiten, die sich auf Ihrem Weg mit Gott auftun – egal, wie ungewöhnlich sie sein mögen und unabhängig davon, was andere davon halten. So bleibt Ihr Herz lebendig, und was daraus folgt, ist, dass Sie tun, wofür Sie geboren sind.

Meine Gedanken dazu:

 Markus 2,13-17  **15. Oktober**

Lukas 15,1-7

Lukas 19,1-10

Die Würde und Ehre eines Menschen sowie Gemeinschaft und Beziehungspflege sind sehr wichtig. Menschen zeigen uns Respekt, wenn sie uns an ihre Tische einladen, und andersherum fühlen wir uns geehrt, wenn Menschen unsere Einladung annehmen. Jesus pflegte Gemeinschaft mit jedem, auch mit den ehrlosen und hoffnungslosen Menschen, die von den „anständigen" Leuten gemieden wurden. Jesus war anders. Er nahm nicht nur jede Einladung an, er hatte sich sogar selbst bei Menschen eingeladen, die Gottes verändernde Liebe noch nicht kannten. Es war eine Möglichkeit, Menschen den Himmel zu öffnen, um bei Gott zu sein. Immerhin ist er gekommen, um die zu retten, die sich selbst nicht retten können.

Meine Gedanken dazu:

 Psalm 15   **16. Oktober**

Wo ist Gott, wenn wir ihn brauchen? Gute Frage! Aber wer entscheidet denn, wann wir Gott brauchen? Brauchen wir ihn nur, wenn wir nicht mehr weiterwissen? Gibt es nur einen Gott, weil wir ihn brauchen, oder brauchen wir ihn, weil es ihn gibt? Wenn Gott uns erschaffen hat, dann hat er auch großes Interesse an uns – auch einen Anspruch an unser Leben. Kein Instrumenbauer würde Instrumente bauen, um sie in einem Keller abzustellen. Genauso hat Gott uns Menschen nicht erschaffen, damit wir dann uns selbst überlassen sind. Er ist da, und wir brauchen ihn allezeit. Wir können Gott immer vertrauen – auch wenn wir den Tod vor Augen haben (Dan. 3,17-18).

Meine Gedanken dazu:

 Johannes 3,8

Haggai 2,4-5

17. Oktober

Die Bibel gebraucht das Bild vom Wind im Zusammenhang mit Gottes Geist und dem geistlichen Leben. Den Wind selbst können wir nicht sehen, sondern nur die Blätter und die Äste an einem Baum, die vom Wind bewegt werden. An dieser Bewegung erkennen wir, dass der Wind weht, und wir erkennen auch, wenn er nicht weht. Genauso kann Gottes Geist uns berühren und uns befähigen, ganz bestimmte Dinge zu erleben, zu sagen oder zu tun (1. Kor. 2,13). Gottes Geist kann immer und überall das bewirken, was Gott gutheißt (Röm. 8,5-6). Wenn wir offen sind für sein Wirken, empfangen wir Ermahnung und Ermutigung zu gegebener Zeit. Wo immer wir sind, da ist auch Gottes Geist. Er ist immer bei uns.

Meine Gedanken dazu:

Markus 6,14-29 — **18. Oktober**

Manchmal bewerten wir die Anerkennung von Menschen höher als die Wahrheit und die Tatsachen und offenbaren dadurch unsere Ängste und Schwächen. Nicht nur das, wir verpassen dadurch auch gute Ziele und Gottes Segen. Hinzu kommt, dass wir Angst bekommen, wenn wir es versäumen, entsprechend unseren Grundwerten und Lebenszielen zu leben – Angst vor denen, die die Wahrheit über uns und unser Versagen kennen und uns vorhalten. Die Frage ist: Wie integer und mutig sind wir, wenn es darum geht, zu unserem Glauben, unseren Werten und Fehlern zu stehen? Egal, wie bekannt wir sind, egal, was wir im Leben zustande gebracht haben und welchen Status wir erreicht haben – es ist alles wertlos, wenn es uns nur um Anerkennung und die eigenen Vorteile geht.

Meine Gedanken dazu:

1. Mose 12,1-9   **19. Oktober**

Aufbrüche, Abschiede und Beendigungen gehören zu unserem Leben. Manche Übergänge fallen uns leicht, andere schwer. Auf der Schwelle zu Aufbrüchen erleben wir entweder Freude über das, was wir hinter uns lassen können, oder Traurigkeit, weil wir etwas vermissen werden. Schwierig ist es, wenn wir uns an unhaltbare Zustände gewöhnen und festhalten, was schleichend in unser Leben getreten ist. In diesem Fall sollten wir uns fragen: Was raubt mir meine Kraft und Freude? Vor welcher Entscheidung drücke ich mich? Will ich so weiterleben? Welche Veränderungen muss ich aktiv suchen? Indem wir auf Gottes Wort hin das Alte loslassen, führt Gott uns an den Platz seiner Verheißungen. Lebensgestaltung ist etwas sehr Lebendiges.

Meine Gedanken dazu:

- 2. Mose 20,16
- Jakobus 3,1-12
- Sprüche 24,28
- 1. Petrus 2,1

20. Oktober

Lügen haben kurze Beine und kosten viel Kraft. Sie sind manipulativ und zerstören Vertrauen. Tatsache ist, niemand will angelogen werden – aber auch nicht immer die Wahrheit hören oder sagen. Also wird übertrieben, untertrieben, vertuscht, geschmeichelt oder runtergemacht. Wer aber zum Mittel des Täuschens greift, löst Ärger, Verachtung und Trauer aus. Deswegen gilt: nichts Falsches sagen, niemandem schaden und nicht tratschen. Stattdessen ehrlich sein zu Gott. Bei ihm können wir hören, was er über uns und andere zu sagen hat. Gott liebt die Wahrheit, und er liebt uns. Er sehnt sich danach, dass wir wahrhaftig werden vor ihm, vor uns selbst und vor anderen – besonders vor denen, die die Wahrheit dringend brauchen.

Meine Gedanken dazu:

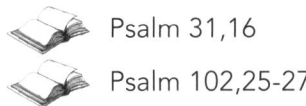 Psalm 31,16   **21. Oktober**
Psalm 102,25-27

Gott ist ein exzellenter Zeitmanager. Er hat klare Ziele vor Augen und setzt entsprechend Prioritäten. Er trifft all seine Entscheidungen zugunsten der Zielerreichung seiner Pläne, die immer für uns Menschen gut sind. Dabei verliert er uns niemals aus den Augen. Entscheidend für ihn sind unsere Erlösung und unser Wohl. Um diese Ziele mit uns zu erreichen, bleibt er dran. Er bringt uns in Bewegung und führt uns dorthin, wo er uns gebrauchen und segnen kann. Das heißt, wenn wir heute da sind, wo Gott uns haben möchte, dann werden wir auch morgen oder in fünf Jahren da sein, wo er uns haben möchte. In seinen Händen. In guten Händen. Darauf liegt ungeahnter Segen.

Meine Gedanken dazu:

📖 Lukas 1,70-75

📖 Micha 5,1

📖 Jeremia 23,5-6

Gott hat einen souveränen Plan, der hinter all seinem Handeln steht: Die vielen Ankündigungen der Propheten im Alten Testament, die auf das Kommen Jesu hingewiesen haben; das Versprechen Gottes an Abraham oder an Zacharias im Tempel; die Zusagen Gottes, die Maria schon als Kind gehört hatte und später auch vom Engel Gabriel. Oder Johannes, der den langersehnten Retter im Neuen Testament angekündigt hatte – Jesus, Gottes Sohn, der unsere Schuld vergeben will. Und Jesus ist gekommen. Auch die vielen Zusagen, die Jesus ausgesprochen hatte, sind alle nach und nach erfüllt worden. Gott hält Wort – auch in unserem Leben.

Meine Gedanken dazu:

 2. Chronik 20,6   **23. Oktober**

Nichts und niemand kann Gottes Pläne durchkreuzen. Wenn Gott möchte, dass wir eine bestimmte Arbeitsstelle, Wohnung oder einen Partner bekommen, dann werden wir diese bekommen – auch wenn uns vermeintliche, dem entgegenstehende Tatsachen Angst und Zweifel einflößen. Wir können mutig anderen Dingen nachgehen, während wir gleichzeitig unsere Anliegen im Gebet vor Gott bringen. Gott schafft es trotz extremen, scheinbar unüberwindlichen Hindernissen und widrigen Umständen, uns ans Ziel zu bringen. Dabei braucht er keine Nachhilfe von uns oder von anderen, denn der Kampf ist nicht unsere, sondern seine Sache. Er hat die Macht, alles so zu führen, dass er am Ende glänzt und unser Leben ungestört nach seinen guten Plänen verläuft.

Meine Gedanken dazu:

Matthäus 11,20-24 — **24. Oktober**

Oh weh! Das Evangelium, das uns einerseits lehrt, nicht beurteilend über andere Menschen zu sprechen, ist auch ein Evangelium, das uns lehrt, dass Gott uns aufgrund unserer Antwort ihm gegenüber richten wird. Unsere Entscheidungen bezüglich Jesus, seiner Identität und Herrschaft, sowie unser Gehorsam ihm gegenüber, bringen eine ewige Konsequenz mit sich. Wer Gott ablehnt, muss wissen, dass er sich eines Tages vor Gott verantworten muss – ohne Jesus an seiner Seite als Fürsprecher. Autsch! Gerade weil das so ernst ist, hat Jesus uns darauf hingewiesen, als er auf dem Weg zum Kreuzestod war – der Ort, an dem wir Gottes Liebe, Vergebung und ein neues Leben bekommen – ein Leben mit Jesus, das uns am jüngsten Tag von einem „Weh dir!" freispricht.

Meine Gedanken dazu:

 Matthäus 26,36-46   **25. Oktober**

Jesus ist kein Einzelgänger. Er liebt Gemeinschaft. Freunde waren für ihn sehr wichtig. In den dunkelsten Stunden seines Lebens im Garten Gethsemane hatte er drei seiner engsten Freunde gebeten, ihm beizustehen. Kaum zu glauben, dass der große starke Retter um Unterstützung bittet! Wir erwarten vielleicht von ihm, dass er seine Hilfe nur von Gott erhofft. Aber Tatsache ist, dass er auch in Zeiten der Angst, Traurigkeit und Kraftlosigkeit beides brauchte: eine göttliche Verbindung zu seinem Vater im Himmel und die menschlichen Verbindungen auf dieser Erde. Das gleiche gilt für uns. Auch wenn wir mit Gott leben, brauchen wir Freunde, ehrliche Gemeinschaft und Unterstützung.

Meine Gedanken dazu:

 Epheser 5,19 — **26. Oktober**

Gott ist musikalisch. Er liebt es, wenn wir ihm Lieder singen. Melodien, die aus unserem Herzen kommen, sind für Gott ein Ohrenschmaus. Dies muss nicht immer nur im Rahmen eines Gottesdienstes geschehen, sondern kann auch auf der Fahrt zur Arbeit oder am Tisch mit der Familie stattfinden. Tiere, Steine, Bänke, Bibeln oder Gebäude können nicht Loblieder singen, nur wir. Unsere Melodien werden live in Richtung Himmel übertragen – da, wo Gottes Antenne immer empfänglich ist und unsere Lieder immer geschätzt sind. Es geht nicht um ein Vorsingen für einen Chor, sondern um Melodien unseres Herzens, die Gott erfreuen und für uns eine kostenlose Therapie sind!

Meine Gedanken dazu:

Psalm 72,18
Matthäus 13,54
Markus 16,20
Johannes 3,2

Es gibt persönliche Situationen, die uns in die Enge treiben. Aber auch verfahrene Situationen in unserer Welt, wo Krieg, Hungersnot, Machtgier und menschliche Bosheit die Menschen so sehr knebeln, dass nur noch ein Wunder helfen kann. Gott tut diese Wunder. Er baut sein Reich des Friedens und der Gerechtigkeit in den Herzen der Menschen. Er schenkt uns ein neues Herz (Hes. 36,26) und gibt uns die Kraft, ganz anders zu leben. Dieses Leben ist so anders und so gut, dass es Menschen ins Staunen bringt. Wenn wir Gott vertrauen, wirkt er mit derselben Kraft in und durch uns, mit der er Jesus von den Toten auferweckt hat. Er beginnt mit einem großen Wunder an unserem eigenen Herzen.

Meine Gedanken dazu:

 2. Könige 4,1-7   **28. Oktober**

Manchmal denken wir, dass wir das, was Gott von uns erwartet, nicht leisten können. Wir glauben, dass unsere Fähigkeiten, Ressourcen und Möglichkeiten nicht ausreichend sind. Dabei möchte Gott nur, dass wir das, was wir gerade jetzt an Zeit, Kraft, Geld oder Können haben, ihm zur Verfügung stellen – egal, wie wenig oder wie viel es ist. Nicht, damit er es uns wegnimmt, sondern damit er es vervielfältigen kann. Das Gute, das entsteht, soll ihn verherrlichen. Es soll nicht nur irgendwelchen Menschen helfen, sondern wir sollen dadurch auch beschenkt werden – wir, die wir manchmal so kleingläubig sind. Gott will, dass wir nicht nur auf unsere Mängel und Unzulänglichkeiten schauen, sondern auf seinen offenen Himmel.

Meine Gedanken dazu:

 1. Mose 16,1-16 **29. Oktober**

Gott sieht alles. Er kennt unsere Vergangenheit, unsere Zukunft, auch unseren Namen. Ihm entgeht nichts, keine Enttäuschung, keine Verzweiflung. Er sieht auch, wenn wir am liebsten alles hinschmeißen würden, und begegnet uns ganz persönlich mit seiner Liebe. Er belebt uns mit neuen Perspektiven. Er schenkt uns die Würde, die Rechte und den Segen, den wir in seinen Augen verdient haben. Manchmal ist es gerade in der stillen Einsamkeit abseits vom Alltagsgeschäft, dass wir in der Gegenwart Gottes neu erkennen und verstehen, wer wir sind und wo unser Platz ist. Das genügt, um erhobenen Hauptes unseren Platz wieder einzunehmen – und das unabhängig von dem, was Menschen über uns denken oder sagen.

Meine Gedanken dazu:

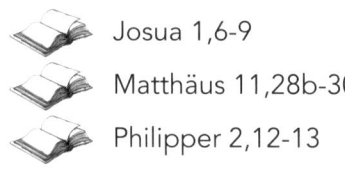 Josua 1,6-9

Matthäus 11,28b-30

Philipper 2,12-13

 **30. Oktober**

Gott kann unser Leben über unsere wildesten Vorstellungen hinaus verändern. Er ist der Spezialist für gründliche Veränderungen. Stellen wir uns vor, was sich alles in unserem Leben verändern und verbessern könnte, wenn wir uns auf die Kraft Gottes verlassen würden und nicht auf unsere eigene Willenskraft! Der Schlüssel zu entscheidenden und anhaltenden Veränderungen liegt nicht darin, dass wir uns noch mehr anstrengen, sondern dass wir uns auf Gottes ungezwungenen Lebensrhythmus der Gnade einlassen. Dabei müssen wir unseren Teil tun und unsere Leistungen bringen, aber es ist Gottes Geist, der uns dazu anfeuert. Es ist Gottes Energie in unserem Leben, die uns Mut macht, unseren Alltag in Angriff zu nehmen und zu meistern.

Meine Gedanken dazu:

 Psalm 3,8-9

Psalm 9,4-5

31. Oktober

Die Bibel überrascht uns manchmal mit drastischen Worten. Worte von Menschen mit einer ehrlichen Haut. Menschen mit Wut im Bauch. Menschen, die Gott bitten, mit ihren Feinden abzurechnen, weil sie wissen, dass ihnen das selbst nicht zusteht. Menschen, die wissen, dass Gott Richter ist, und die deshalb ihre Anliegen zu Gott bringen. Gott soll an ihrer Stelle Gerechtigkeit ausüben. Sie sagen Gott unverblümt, was oder wen sie lieben oder auch hassen, doch im gleichen Atemzug bitten sie Gott, ihr Herz zu prüfen (Ps. 139,23-24). Sie wollen in ihrem Zorn nichts Unrechtes tun. Solch eine Herzenseinstellung ehrt Gott und befreit unser Denken und Wollen von der Macht unguter Gedanken und Taten.

Meine Gedanken dazu:

1. Mose 1 - 2,1-4a   *1. November*

Mit dem Spannungsverhältnis von Arbeit und Freizeit können wir einfach genauso umgehen wie Gott im Schöpfungsbericht: schauen, freuen und genießen. Wir können das anschauen und bewundern, was wir am Ende eines Tages oder am Ende einer Woche getan und zustande gebracht haben. Wir können uns darüber freuen, das Getane feiern und die Früchte unserer Arbeit genießen. Gott hat nicht nur am siebten Tag nach der Arbeit geruht, sondern jeden Tag nach seiner Arbeit eine Pause gemacht. Das sollen wir auch, denn das Leben ist nicht nur Arbeit und Mühe, und außerdem: Wenn Gott Pausen brauchte und nutzte, dann wir erst recht.

Meine Gedanken dazu:

 Matthäus 4,12-17   **2. November**

Mit einem Startsignal brechen Läufer aus ihrer Position auf, und das Rennen beginnt. Hinter ihnen liegen Jahre des Trainings. Wer es zur Startlinie schafft, der ist auch bereit, auf das Startsignal zu reagieren. In der Bibel wird geschildert, wie Jesus sich für seinen Dienst vorbereitet hat und sein Startsignal von Johannes bekommt – der, der alles für sein Kommen vorbereitet hat und nun im Gefängnis ist. Sobald Jesus diese Nachricht hörte, zog er von seinem abgelegenen Heimatdorf hin zur betriebsamen Stadt Kafarnaum – dorthin, wo sein Dienst an Gott und den Menschen begann. Auch wir bekommen ein Startsignal von Gott, nachdem wir genug Wissen und Erfahrungen gesammelt haben. Sind wir bereit, auf sein Startsignal zu hören?

Meine Gedanken dazu:

 Jesaja 14,14   **3. November**

Matthäus 16,26

„Hoch geflogen, tief gestürzt!", könnte die Zusammenfassung unseres Lebens sein, wenn wir nie zufrieden sind mit dem, was wir sind, haben oder können. Wer immer höher hinauswill und sich dabei überschätzt, bleibt auf der Strecke. Vermessenheit hat seinen Preis. Am Ende haben wir größere Häuser, aber kaum Freunde am Tisch. Wir haben mehr Komfort, aber keine Zeit, ihn zu genießen. Wir haben mehr Wissen, aber weniger Urteilsvermögen. Wir haben mehr Berater, aber größere Probleme. Wir haben uns bemüht, allen zu zeigen, wie großartig wir sind, aber wir haben es versäumt zu erkennen, wer wirklich groß ist – Gott, der Herrscher der ganzen Welt. Die Frage ist, was oder wer uns treibt?

Meine Gedanken dazu:

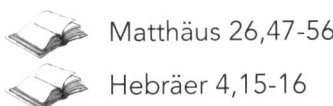 Matthäus 26,47-56   **4. November**

Hebräer 4,15-16

Jesus ist der beste Seelsorger. Er weiß, was es heißt, von Menschen enttäuscht zu werden. Er selbst wurde im Garten Gethsemane betrogen – im „Raum der Stille" – einem Ort, an dem er geistlich auftanken wollte. Einem Ort, an dem er mit aufrichtigen Menschen gerechnet hatte. Dort wurde er von einem Freund mit einem Kuss hintergangen und betrogen! Weil Jesus Enttäuschungen kennt, ist er der beste Ansprechpartner, wenn wir von Freunden verletzt, hintergangen, betrogen oder verlassen worden sind. Jesus weiß, was es heißt, ein schweres Herz zu haben, und er will uns trösten und weiterhelfen. Von ihm können wir lernen, wie wir mit Verrat und Verlassenheit umgehen können (Vers 50-54).

Meine Gedanken dazu:

 Psalm 31,2　　　　　　　**5. November**

Gott ist ein Zufluchtsort für uns Menschen. Er ist wie eine geschützte Insel, weit weg von allem, was uns bedrückt oder bedroht. Er ist ein verschwiegenes Gegenüber, bei dem wir unser Herz ungeschützt ausschütten können. Ihm können wir sagen, worüber wir uns schämen und was wir am liebsten aus unserer Lebensgeschichte ausradieren würden. Bei ihm werden unsere Wunden verarztet und verbunden und unsere Sünden vergeben. Er macht uns das Leben nicht schwerer, als es schon ist, sondern überraschend leichter. Bei ihm fällt uns ein Stein vom Herzen. Unser allersicherster Ort auf der ganzen Erde ist in seiner Gegenwart. Bei ihm stoßen wir auf offene Türen, wenn wir denn auch in seine offenen Arme laufen.

Meine Gedanken dazu:

 Markus 7,1-23   **6. November**

Wäre es nicht schön, wenn wir uns durch eine gute Ernährung „rein machen" könnten? Dabei ist es gar nicht so einfach, immer das Richtige zu essen. Doch was uns noch viel schwerer fällt, ist, das Richtige zu sagen und zu tun. Manchmal haben wir Probleme mit unserer Sprache, weil sich unsere Zunge verselbständigen kann. Sie kann zeigen, was in unserem Herzen noch nicht geheiligt worden ist. Das Problem ist manchmal, dass wir erst reden und dann denken. „Rein werden" ist ein lebenslanger Prozess. Die Bibel sagt, wir sollen es uns nicht zu einfach machen, denn es geht nicht nur um Äußeres. Fremdbestimmt zu leben, kann mal nett sein, wenn es um bestimmte Traditionen geht – aber diese erlösen uns nicht.

Meine Gedanken dazu:

Lukas 2,41-52 **7. November**

„Früh übt sich, wer ein Meister werden will!" Für junge Menschen ist es wichtig, ihren himmlischen Vater früh kennenzulernen. Die christliche Gemeinde ist nicht nur ein Ort der Anbetung, sondern auch ein Ort, wo man etwas über göttliche Dinge erfahren und diskutieren kann. Hier sollten junge Menschen wahrgenommen und integriert werden, denn irgendwann werden auch sie anderen von Gott erzählen. Dafür müssen wir Zeit und Raum anbieten und auch Prioritäten festlegen – Prioritäten, die bei manchen Menschen Unverständnis und zwischenmenschliche Spannungen auslösen. Damit müssen wir rechnen, wenn wir Jesus näher kommen wollen. Jeder von uns ist aufgefordert, Gott immer besser kennenzulernen und sich für den Dienst für andere vorzubereiten.

Meine Gedanken dazu:

1. Korinther 2,6-16   *8. November*

Stellen Sie sich vor, wir müssten uns alle auf unser eigenes Denkvermögen, Urteilsvermögen und Können verlassen. Wie trostlos! Wenn das wirklich so wäre, dann hätten viele von uns niemals die Aufgabe angenommen, die Gott uns anvertraut hat, oder wir hätten diese kurz nach Beginn aus Frust aufgegeben. Dabei kann jeder, der mit Jesus lebt, Zugang zu den tiefsten, geheimsten Gedanken Gottes haben und sich von diesen bestimmen lassen. Das heißt, wir können letztendlich denken, reden und handeln wie Jesus – wenn wir wollen. Wir müssen nicht so bleiben, wie wir sind. Wir müssen uns nicht auf unsere natürlichen Fähigkeiten verlassen. Wir brauchen Gott nur zu bitten, dass er uns mit seinem Geist füllt, und dann dementsprechend leben.

Meine Gedanken dazu:

 1. Korinther 3,19    **9. November**

Der Buchautor John Grisham hat einmal in einem Interview gesagt: „Egal, wer mit Hillary Clinton an einem Tisch sitzt, sie ist immer die Klügste!" Diesen Ruf hätte doch jeder von uns gerne! Wir lieben die Anerkennung und Bewunderung von Menschen und arbeiten hart daran, diese Anerkennung zu bekommen. Das Streben danach nimmt kein Ende. Aber die Bibel warnt: Egal, wie wir oder andere über uns denken, entscheidend ist, was Gott über uns denkt. Wichtig ist, dass wir uns nach seinen Maßstäben ausrichten, auch wenn die Welt uns dafür als töricht beschimpft. Verlieren tun wir dadurch nichts, denn wir gehören Gott, und ihm gehört schließlich alles! Was hält uns davon ab, für Weisheit, Verständnis oder Klugheit zu beten?

Meine Gedanken dazu:

 Prediger 4,9-11   **10. November**

„Wenn du schnell vorwärts kommen willst, dann geh alleine. Möchtest du weit kommen, dann geh mit anderen zusammen!" Das heißt, zusammen sind wir stark! Das gilt nicht nur bei einem Fußballspiel oder in einer Ehe, sondern auch in der Gemeinde Jesu. Deshalb hat Gott uns verschiedene Gaben ausgeteilt, die wir zum Wohl der ganzen Gemeinde einsetzen sollen (Eph. 4,11-16). Wenn jede/r sich einbringt und Gott immer besser kennenlernt, dann werden alle zusammen Jesus ähnlicher werden. Wir werden Halt finden mitten im Wertewandel, und unsere Liebe und Einheit wird unser Zeugnis sein. Damit dieses Geben und Nehmen auch wirklich klappt, hat Gott uns seine Fürsorge zugesagt.

Meine Gedanken dazu:

 2. Johannes   **11. November**

Die Bibel spricht von der Balance zwischen Ermahnung und Ermutigung, Glaube und Werken, Gerechtigkeit und Gnade, Geben und Nehmen. Im zweiten Brief des Johannes werden wir angehalten, die richtige Balance zwischen Wahrheit und Liebe zu bewahren. Zusammen sind sie ein dynamisches Duo. Es darf einfach nicht passieren, dass wir so wahrheitsliebend sind, dass wir Menschen gegenüber lieblos werden. Andererseits darf es nicht passieren, dass wir so lieb, nett und tolerant gegenüber allen und allem sind, dass wir die Wahrheiten der Bibel aus den Augen verlieren und damit auch unser Urteilsvermögen. Wer die richtige Balance zwischen Wahrheit und Liebe in seinen Beziehungen bewahrt, erlebt eine herzliche Gemeinschaft, die wiederum ein starkes Zeugnis für Jesus ist.

Meine Gedanken dazu:

 Jesaja 11,9   **12. November**

Gott ist einfach himmlisch und ein Leben zusammen mit ihm in Ewigkeit auch! Dort gibt es kein Unheil, nur Gutes. Kein Streit, nur Frieden. Keine Gefahren, nur Sicherheit. Kein Hunger, nur Satt-Sein. Keine Ratlosigkeit, nur Erkenntnis. Keine Fehler, nur Gelingen. Keine Dummheit, nur Klugheit. Keine Traurigkeit, nur Freude. Kein Mangel, nur Überfluss. Keine Sorgen, nur Zuversicht. Keine Gleichgültigkeit, nur Liebe. Kein Neid, nur Wohlwollen. Keine Schuldgefühle, nur ein reines Gewissen. Keine Hektik, nur Gelassenheit. Kein Jammern, nur Dankbarkeit. Keine Einsamkeit, nur herzliche Gemeinschaft. Kein Alleinsein, denn Gott wird mitten unter uns sein. Wenn das nicht Zukunftsmusik ist!

Meine Gedanken dazu:

Matthäus 27,1-14   **13. November**

Wohin mit unserer Schuld? Egal, wie viel Schuld wir auf uns geladen haben, Gott will uns von unserer Schuld und von einem schlechten Gewissen befreien. Der Grund, warum manche Menschen Selbstmord begehen, kann sein, dass sie die wichtigste Nachricht aller Zeiten nicht verstanden haben: Jesus starb am Kreuz, damit wir nicht in unserer Sünde sterben müssen. Während manche Menschen diese gute Nachricht verstanden und Vergebung erhalten haben (Lk. 14,66-72), können andere Menschen nicht über ihr eigenes Versagen hinaussehen. Sie können nicht den Sieg Jesu über den Tod am Kreuz sehen. Sie können nicht seine Liebe und Vergebung für sich persönlich sehen. Schade, denn Jesus heißt jeden gerne willkommen als „Vergebener".

Meine Gedanken dazu:

 1. Korinther 3,9-17   *14. November*

Gottes Gegenwart und Wirken sind nicht begrenzt auf menschlich errichtete Gebäude oder Orte wie ein Kirchengebäude. Gott lebt überall auf der ganzen Welt in Menschen, die an ihn glauben und Jesus nachfolgen. Christen bilden die weltweite Gemeinde Gottes – sie sind der Ort der Gegenwart Gottes und nicht die Kirchengebäude. In Gottes Kindern lebt und wirkt der Heilige Geist. Hier offenbart Gott seine Herrlichkeit. Das soll unser Lebensgefühl und Glaubensbewusstsein prägen. Wir sind Heilige, nicht aus uns selbst, sondern durch Jesus. Wenn uns das bewusst ist, werden wir dem Tempel Gottes – der Gemeinde Jesu – keinen Schaden zufügen, sondern uns bemühen, Gutes zu tun.

Meine Gedanken dazu:

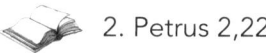 2. Petrus 2,22   **15. November**

Nicht schon wieder! Wie oft passiert es, dass wir uns im Gestrüpp unserer eigenen Wege verheddern oder in dem Dreck versinken, aus dem Gott uns gerade herausgeholt hat. Offensichtlich brauchen wir mehr als gute Vorsätze und Willenskraft, um uns zu verändern. Wir sind auf Gottes Hilfe, seine Kraft und Wachsamkeit angewiesen (Phil. 2,13). Wir müssen täglich gute Entscheidungen treffen. Je mehr wir dem Heiligen Geist erlauben, uns zu leiten und zu versorgen, umso mehr wachsen positive Charaktereigenschaften heran. Der Schlüssel zu anhaltendem Erfolg ist die Entwicklung von guten Gewohnheiten, welche die alten, schädigenden ersetzen. Erst formen wir sie, dann formen sie uns (Phil. 4,13).

Meine Gedanken dazu:

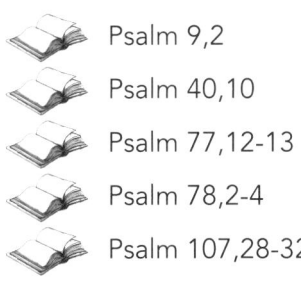

Psalm 9,2

Psalm 40,10

Psalm 77,12-13

Psalm 78,2-4

Psalm 107,28-32

16. November

„Wer die Vergangenheit nicht kennt, kann die Gegenwart nicht verstehen und die Zukunft nicht gestalten!" Das wissen auch Menschen, die Gott kennen und mit ihm vieles erlebt haben. Sie wissen, wie wichtig es ist, das Geschehene in Erinnerung zu behalten. Sie erzählen immer wieder von den Taten Gottes. Diese vor Augen zu behalten, motiviert sie, Gott auch ihre alltäglichen Belange und Nöte zu bringen. So haben sie eine Kraftquelle für die Zukunft. Sie haben so viel Kraft, dass sie mit Gott über Mauern springen können (2. Sam. 22,30 / Ps. 18,30), obwohl sie nicht wissen, was hinter der Mauer auf sie wartet. Sie kennen ihre Zukunft nicht, aber sie kennen den, der die Zukunft in seiner Hand hält und Wunder tut.

Meine Gedanken dazu:

 Epheser 6,10-17   **17. November**

Gott ist ein Kämpfertyp. Er kämpft unermüdlich und unbesiegbar gegen das Böse. Darüber hinaus bietet er uns seine Hilfe an, damit auch wir das Böse erfolgreich bekämpfen können. Wenn es um den Kampf des Bösen geht, können wir uns folgende Fragen stellen: In welchen Situationen bin ich versucht, eine Person oder ein Gruppe von Personen als meine Feinde zu betrachten? Wenn ich mich auf die wahre Natur des geistlichen Kampfs besinne, wie würde das meinen Umgang mit dem Konflikt ändern? Welcher Aspekt von Gottes Waffen ist am schwächsten in meinem Leben: Wahrheit, Gerechtigkeit, die Botschaft des Friedens, Vertrauen, Errettung oder Gottes Wort? Wie kann ich diesen Aspekt weiterentwickeln?

Meine Gedanken dazu:

 Epheser 5,21   *18. November*

Viele Menschen lieben Ordnung, aber nicht die Unterordnung. Schon Julius Cäsar sagte: „Lieber in einem kleinen Dorf der Erste sein, als in Rom die Nummer zwei!" Auch Satan – der Widersacher Gottes – rebellierte gegen Gott und ist auch heute noch eifrig dabei, alles zu tun, damit wir Menschen unseren Gehorsam Gott gegenüber verweigern. Seit Adam und Eva lassen sich viele Menschen von dieser stolzen Grundhaltung bestimmen. Sie wollen sich am liebsten von allem befreien, was sie von außen lenkt, und selber bestimmen, was für sie gut ist. Aber Jesus lebte und liebte nach dem Prinzip: „Vater im Himmel, dein Wille geschehe" – und das bis ans Kreuz. Das bewirkt zwischenmenschliche Wunder.

Meine Gedanken dazu:

 Sprüche 6,6-8   *19. November*

Die Bibel lobt die hohe Arbeitsmoral der Ameisen, denn sie brauchen keinen Antreiber. Ameisen wissen: Es kann zum Nachteil sein, darauf zu warten, dass ein anderer sie anfeuert, das Richtige zu tun. Aufschieberitis ist ihnen auch fremd – sie meiden Ausreden wie: Wenn ich einmal … dann! Oder: Ich will warten bis …! Es gibt viele Bereiche, in denen Gott uns einlädt, aktiv zu werden: Arbeit (Kol. 3,23), Finanzen (Spr. 3,16), Gesundheit (1. Kor. 6,19), Seele (Mk. 8,36; Mt. 6,16) oder Mission (Mt. 28,19). Wenn wir wissen, was wir tun sollen, dürfen wir es nicht auf morgen verschieben. Stattdessen können wir mit Gott über die Mauern reden, die eingestürzt sind (Spr. 24,30-32). Er hilft uns, gute Verwalter zu sein, und schenkt Gelingen.

Meine Gedanken dazu:

📖 Sprüche 17,3

📖 Psalm 66,10

📖 Jesaja 48,10

📖 Sacharja 9,16

20. November

Der Blick in Gottes himmlische Werkstatt zeigt uns, dass Gott unser Inneres prüft und uns so lange läutert, bis wir rein sind. Die Bibel vergleicht diesen Prozess mit der Läuterung von unreinen Edelmetallen in einem Schmelzofen. Die unangenehme Hitze der Läuterung lässt Gott bei uns Menschen so lange zu, bis wir erkennen: So geht's nicht mehr weiter! Erst durch diesen harten Prozess begreifen wir, dass sich Versöhnung, Barmherzigkeit oder Ehrlichkeit doch lohnen. Wenn wir Gott an unserem Leben so arbeiten lassen, dass sich die „Schlacken" unseres Lebens lösen, werden wir Schritt für Schritt reiner. Wir werden Jesus immer ähnlicher, funkeln in einer dunklen Welt und leuchten wie die Sterne an einem nächtlichen Himmel (Phil. 2,15).

Meine Gedanken dazu:

Lukas 8,50
Lukas 12,7
Johannes 14,1
Offenbarung 2,10

Obwohl wir davon ausgehen, dass morgen alles wie bisher weitergehen wird, sitzt unter der zerbrechlichen Schicht von Unterhaltung und Konsum oft die Frage: „Was ist, wenn …?" Was ist, wenn ich arbeitslos werde, die Ehe kriselt oder der Befund vom Arzt positiv ist? Wenn wir Angst vor dem Morgen haben, dann helfen uns Fakten über Gott und unsere Zukunft. Zum Beispiel, dass seine Liebe immer wieder heile Welt stiften kann; dass er unseren Sturm stillen kann, dass er weiß, wie es mit uns weitergeht; dass er unbegrenzte Möglichkeiten hat und dass er ein Gott der Zukunft ist. Menschen, die an Gott glauben, wissen, dass sie nicht Opfer von Umständen oder Menschen sind, sondern Gottes geliebtes Kind.

Meine Gedanken dazu:

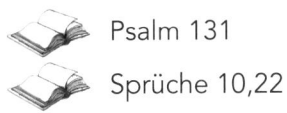 Psalm 131

Sprüche 10,22

22. November

„Die Zeit gut auskaufen", „den guten Kampf des Glaubens kämpfen", „nicht müde werden, Gutes zu tun", „Geben ist seliger als Nehmen" – das sind alles Gedanken aus der Bibel, die uns zum Tun des Guten anspornen sollen. Klingt anstrengend! Ist es auch, wenn wir nicht bei all unserm Tun brennen, sondern ausbrennen und dann noch Abhilfe im Sinne von Mitleid, Dank und Anerkennung bei Menschen suchen anstatt bei Gott. Unseren Wert oder Gottes Segen durch Leistungen erringen wollen, kostet viel Kraft. Manchmal müssen wir aber erst an unsere Grenzen kommen, bis wir frommen Stress aufgeben und ganz auf Gottes Wirken vertrauen. Er sucht in erster Linie unsere Gemeinschaft, nicht unsere Mitarbeit.

Meine Gedanken dazu:

Jakobus 3,14-16 **23. November**
Sprüche 14,30

Eifersucht ist wie ein Krebsgeschwür. Wer sich mit anderen vergleicht, ist geplagt. Er leidet. Sein Charakter leidet, und das zerstört Beziehungen. Wer sich mit anderen vergleicht, hat Angst, dass er nicht besser ist als die allerbesten. Er hat Angst, dass er irgendwo zu kurz kommen könnte, und versucht deshalb unermüdlich, sein Image aufzupeppen, und gönnt dabei anderen kein Kompliment, keine Anerkennung. So ein Leben ist sehr frustrierend und anstrengend. Gefragt ist mehr Gelassenheit und Heiterkeit. Wer zufrieden und gelassen ist, der akzeptiert, was er nicht ändern kann, und macht sein Leben, seinen Wert und seine Bedeutung fest an Gott. Solche Menschen leben ihre Berufung und können in das Leben anderer investieren.

Meine Gedanken dazu:

Psalm 103,19-22

Epheser 6,10-12

Epheser 1,21

24. November

So wie es im Himmel viele Engel gibt, die Gottes gute Aufträge an uns Menschen ausführen, so gibt es auch Dämonen, die die bösen Befehle des Teufels erfüllen. Die Macht des Teufels ist aber nicht eine Konkurrenz zu Gottes Macht, denn Gott ist und bleibt überlegen. Dass Gott Satan, den er aus seinem Himmel geworfen hat (Lk. 10,18), unter uns Menschen wirken lässt, hat den gleichen Grund wie die Tatsache, dass er die Sünde damals bei Adam und Eva geschehen ließ: Gott hat uns Menschen die Freiheit gegeben, uns für oder gegen ihn zu entscheiden. Wir können aus egoistischen Gründen unsere Freiheit missbrauchen und das Böse verwirklichen oder wir können uns Gott im Vertrauen anvertrauen und frei werden von der Beherrschung des Bösen.

Meine Gedanken dazu:

Sprüche 25,11

Sprüche 12,18

Sprüche 28,23

Richtige Worte zur rechten Zeit sind ein unbezahlbares Geschenk an unsere Mitmenschen. Das Problem ist nur, dass uns gute Worte nicht immer einfallen, wenn unser Gegenüber sie braucht. Da ist Weisheit gefragt. Eine Weisheit, die Gott uns auf Nachfrage gerne schenkt. Stellen Sie sich mal vor, Sie könnten mit Gottes Hilfe anderen Lebensglück austeilen und deren Lebensqualität mit Frieden, Lebensmut oder Hoffnung steigern. Stellen Sie sich vor, Sie könnten himmlischen Rat weitergeben, nur weil Sie Gott darum gebeten haben (Jak. 1,5). Die Weisheit, die Gott uns schenken will, ist unbezahlbar. Es sind himmlische Worte, die immer wahr, gut und nützlich sind, und das noch zur rechten Zeit.

Meine Gedanken dazu:

 Psalm 15   **26. November**

Nicht jeder darf einfach so in der Nähe Gottes verweilen und seinen Segen ohne Weiteres erwarten. Wer in Gemeinschaft mit Gott leben darf, ist der Mensch, der sich von ganzem Herzen bemüht, die Wahrheit zu sagen, und seine Mitmenschen achtet. Es ist der Mensch, der zu seinem Wort steht, dessen Ja ein Ja ist und dessen Nein ein Nein ist (Mt. 5,37). Es ist der Mensch, der nicht aus der Not eines anderen Profit schlägt, sondern seinen Mitmenschen helfend zur Seite steht. So zu leben, fällt uns Menschen nicht in den Schoß, aber Gott will durch seinen Geist genau solche Menschen aus uns machen: Menschen, die nach seinen Geboten handeln. Darum dürfen wir ihn jeden Tag neu um Vergebung bitten, wo wir versagt haben, und seine Nähe genießen.

Meine Gedanken dazu:

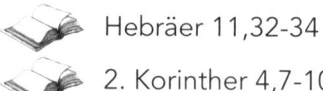 Hebräer 11,32-34

2. Korinther 4,7-10

27. November

Tonscherben sind wichtige Datenträger für Archäologen. Sie vermitteln Informationen, die sie zu einem Schatz machen. Genauso sind Kinder Gottes wie zerbrechliche Gefäße aus Ton, in die Gott den Schatz seines Evangeliums hineingelegt hat. Gott beruft verletzliche Menschen, um durch sie seine Botschaft weiterzutragen. Dadurch soll der Schatz glänzen und nicht das Gefäß, in dem es sich befindet. Das Evangelium soll strahlen, nicht der Verkündiger. Und so wie Jesus bereit war, Opfer zu bringen, um uns Gottes Liebe nahezubringen, so müssen seine Boten auch bereit sein, Opfer zu bringen. Gott wird sie durch das Unerträgliche tragen, denn seine Kraft ist in den Schwachen mächtig.

Meine Gedanken dazu:

📖 Philipper 4,8

📖 2. Petrus 1,5-8

📖 Römer 12,1-2

📖 1. Timotheus 6,12

28. November

Keiner wird tugendhaft geboren, und keiner kommt völlig verdorben auf die Welt. Was wir heute sind, ist das Ergebnis vieler Entscheidungen. Die Chance, von einer Tugend zur nächsten voranzuschreiten, müssen wir ergreifen. Christsein ist nicht nur ein Zustand, sondern auch ein Werden. Es ist ein Weg der Übung, bei dem wir immer wieder neu entscheiden müssen, uns selbst zu überwinden und das Richtige zu tun, wenn die Gefühle diese Entscheidung nicht unterstützen. Wenn wir das tun, was wahrhaftig, ehrbar, gerecht, rein und liebenswert ist, werden wir erfahren, dass dieser Weg sich lohnt. Gott wird uns leiten, sodass in den gelebten Tugenden der unsichtbare Glaube sichtbar und sein Wesen widergespiegelt wird.

Meine Gedanken dazu:

Prediger 9,18
Prediger 10,1

29. November

Kleine Ursachen können große Wirkungen haben! Das heißt, eine tote Fliege kann eine ganze Flasche Öl verderben oder ein wenig Dummheit kann sich mehr Gehör verschaffen als viel Weisheit. Ein einziger Mensch ist in der Lage, eine gute Ehe oder ein tolles Projekt zu zerstören. Tatsache ist, dass wir auf dieser Erde damit rechnen müssen, dass es Menschen gibt, die dem Bösen Raum geben. Gott zwingt halt niemanden, gut zu sein, daher müssen wir entscheiden, was wir stehen lassen oder bekämpfen müssen, und dabei nicht vergessen: Manchmal sind wir es, die dem Bösen Raum geben und Gutes zerstören. Wichtig ist, dass wir uns immer wieder fragen: Wo öffne ich der Sünde die Tür und womit muss ich Schluss machen?

Meine Gedanken dazu:

📖 2. Mose 32,11-14   **30. November**
📖 Maleachi 3,6
📖 Hosea 11,8
📖 Matthäus 6,7-9
📖 Matthäus 7,7

Gott ist unveränderlich, und dennoch lässt er mit sich reden. Das gefällt uns! Wir haben einen zuverlässigen Gott, aber auch einen Gott, den wir durch unsere Gebete in seinem Willen oder Handeln bewegen können. Auch wenn Gott alles weiß, alles bestimmt und alles festgelegt hat, ist Beten nicht vergeblich. Wir können im schlichten Glauben beten, ohne darüber nachzugrübeln, wie das mit dem Beten funktioniert. Gott hört uns und reagiert auf unsere Gebete. Er weiß sogar, was wir brauchen, bevor wir ihn bitten. Er lässt sich bewegen, Dinge zu tun, die er sonst nicht tun würde, und wartet darauf, dass wir ihn bitten. Er wartet, weil er uns zu einer Freundschaft zu ihm einlädt. Beten ist Beziehungsarbeit.

Meine Gedanken dazu:

Hiob 36,5
Lukas 9,51-55

1. Dezember

Gott hat ein anderes Verständnis von Macht als wir Menschen. Dass er allmächtig ist, heißt nicht, dass er unnachgiebig ist. Bei ihm muss nicht jeder Fehler konsequent bestraft werden (Joh. 8,1-11). Seine Gnade setzt nicht bedingungslosen Gehorsam voraus. Leid ist nicht automatisch eine Strafe für Sünde und Gesundheit nicht immer eine Belohnung für Gehorsam. Gott hat die Größe, seine Macht zum Guten einzusetzen, und zum Glück tut er das immer wieder – auch für uns. Er zeigt uns, dass er sich nicht von einem Wenn-dann-Denken bestimmen lässt, sondern von der Logik der Liebe. Seine Macht zeigt sich darin, dass er Mitgefühl walten lässt, und deshalb ist seine Liebe oftmals inkonsequent. Wie verhält es sich bei uns mit dem Wenn-dann-Denken?

Meine Gedanken dazu:

 Johannes 15,13   **2. Dezember**

Gott ist unser wahrer Freund. Er ist derjenige, der Freundschaft zu uns initiiert durch seine Liebe – eine Liebe, die keine Grenzen kennt. Seine Liebe bewirkt positive Veränderungen in unserem Leben, die wiederum positive Veränderungen in das Leben anderer bringt. Wenn wir Menschen lieben, wie Jesus uns liebt, werden wir viele Freunde haben. Wenn wir sie achten und wertschätzen und bereit sind, in ihr Leben und ihre Bedürfnisse zu investieren, werden wir neue Freunde gewinnen und alte Freundschaften langfristig aufrechterhalten können. Wir werden dann gemeinsam mit ihnen viel Gutes erleben. Frage: Wählen Sie Menschen als Freunde wegen deren Bedürfnissen oder wegen Ihrer eigenen Bedürfnisse?

Meine Gedanken dazu:

1. Timotheus 3,16   **3. Dezember**

Das Evangelium ist nichts Normales, sondern ein großes Geheimnis. Sollten wir jemals glauben, wir hätten alles oder genug kapiert und Gott jetzt im Griff und das Geheimnis gelüftet, dann werden wir innerlich verdursten, weil es anscheinend nichts mehr für uns zu entdecken gibt. Wir dürfen niemals davon ausgehen, dass wir Gott so gut wie uns selbst kennen. Wir werden es immer mit einem großen, geheimnisvollen Gott zu tun haben, der anders ist als wir. Unsere Erkenntnisse bleiben Stückwerk. Wir brauchen Gott und sein Wort, solange wir leben, denn er weckt Freude, Neugier und Wissensdurst. Von diesem Wissen sind wir abhängig – es schenkt uns stets neue Erkenntnisse, die für unser Leben wichtig sind.

Meine Gedanken dazu:

 Epheser 6,18-24   **4. Dezember**

Gott ist ein Gott, der gebetet werden will. Er nimmt unsere Anliegen ernst und freut sich über jeden, der mit ihm ins Gespräch kommt. Er honoriert unser Vertrauen und auch unsere Erwartung, dass er Dinge ändern kann. Die Frage ist, auf welche Gebetsverpflichtungen Gott möchte, dass wir uns noch einlassen: Menschen, die zu unserer Familie, unserem Freundeskreis, unserer Gemeinde oder unserem Land gehören? Oder ganz andere Themen? Was könnten wir in unserem Umfeld tun, um das Gebet anzukurbeln? Jeder von uns ist doch dankbar für all diejenigen, die für uns beten – gerade dann, wenn es uns nicht gut geht. Gott kann und will uns die nötige Kraft für unser Leben geben, aber er möchte auch darum gebeten werden.

Meine Gedanken dazu:

 Psalm 42,2-3   **5. Dezember**

Kennen Sie das Gefühl, leidenschaftlich für eine Sache zu kämpfen? Vielleicht schreit Ihre Seele nach mehr Besitz oder Ansehen. Fast alles ist heutzutage käuflich zu erwerben – dennoch gibt es Dinge, die keine Konsumgüter, aber doch Mangelware sind, wie Liebe, Selbstbewusstsein oder Geborgenheit. Vielleicht sollten Sie genauer auf Ihre Bedürfnisse nach wahrem Leben schauen – der innige Wunsch nach einer tiefen Begegnung mit Gott. Leidenschaft entsteht durch die Ahnung, dass der Weg in diese Richtung uns weiterbringen wird. Haben Sie den Mut, sich mit Ihrer Unzufriedenheit auseinanderzusetzen. Suchen Sie die Nähe Gottes aus der Überzeugung, dass Jesus für Sie die Quelle des Lebens sein möchte. Schon allein das stille Hoffen auf Gott wird Sie verändern.

Meine Gedanken dazu:

 Lukas 2,36-40   **6. Dezember**

Gott braucht jeden von uns. Er braucht junge und alte Menschen, die sich ihm zur Verfügung stellen, die sich nützlich machen und aus Liebe zu ihm ihre Gaben in seinem Reich einsetzen. Manche Menschen dienen Gott noch im hohen Alter mit Anbetung, Fasten und Beten und helfen, wo sie nur können in ihrer Gemeinde vor Ort. Manchmal kommen unsere produktivsten Jahre im geistlichen Dienst erst nach unseren produktivsten Jahren im „irdischen" Dienst. Es ist niemals zu spät, um Gott kennenzulernen, von ihm zu lernen und zu erzählen. Es ist niemals zu spät, um ein Segen für andere zu sein. Das Alter ist nicht entscheidend, sondern Gottes Berufung.

Meine Gedanken dazu:

 Psalm 141,5
Sprüche 19,20
Sprüche 23,12

7. Dezember

Kritiker sind unbeliebt, obwohl sie oft Gutes im Sinn haben. Wer mag es schon, infrage gestellt zu werden oder sich anhören zu müssen, dass seine Leistungen nicht ausreichen? Keiner sehnt sich nach einer Salbe, die brennt, ehe sie Schmerzen lindert und Wunden heilt. Salben, die wehtun, meiden wir wie die Pest! Dabei sind sie nicht die Verursacher einer Verletzung oder von Unvollkommenheit, sondern sie haben die Funktion, einen Heilungsprozess anzukurbeln. Tatsache ist, dass wir Menschen wunde Punkte in unserem Leben haben, die wir manchmal nicht sehen, nicht wahrhaben wollen oder bewusst verbergen (Jer. 8,11). Konstruktive Kritik kann uns darauf aufmerksam machen und uns weiterhelfen. Das tut zunächst weh, hilft uns aber letztlich, bessere Menschen zu werden.

Meine Gedanken dazu:

 2. Könige 5,1-19   *8. Dezember*

Was sollen wir tun, wenn Andersdenkende, Andersglaubende und woanders lebende Menschen – oder sogar unsere Feinde – ernsthaft krank sind? Sollen wir ihnen Heilung wünschen? Ja! Unser Gott ist keine Lokalgottheit, sondern ein Gott für alle Menschen. Unser allmächtiger Gott will, dass alle Menschen sein gnädiges Eingreifen erfahren. Jede Notlage, Krankheit und die Erfahrung göttlicher Hilfe kann Einfallstor der Gnade Gottes sein. Wenn wir Gott selber kennen, können wir diesen Menschen einen Tipp geben: Wir können sie wie Bettler auf die Stelle hinweisen, an der auch sie Brot bekommen können. Wir können von unseren Erfahrungen mit Gott erzählen und sie auf ihrem Weg ermutigen. Dann kann es tatsächlich passieren, dass sie Heilung suchen und ihr Heil finden: den lebendigen Gott.

Meine Gedanken dazu:

Lukas 22,31-34

9. Dezember

Manche Menschen haben alles im Griff und immer das Sagen. Sie haben klare Zielvorstellungen, meistern eine anspruchsvolle Aufgabe, sind anderen im Glauben voraus und haben zudem auch noch eine Antwort auf jede Frage. Sie wissen ganz viel. Aber niemand – egal wie wissend – kennt sein eigenes Herz! Menschen, die viel Erfolg und Zuspruch erfahren, fühlen sich vielleicht gut und stark, bis ihnen klar wird, dass Satan scharf darauf ist, sie zu Fall zu bringen. Gegen ihn anzukämpfen, ist hart – da schrumpft der Glaube manchmal zu einem Nichts zusammen. Tatsache ist, dass wir unser eigenes Herz nicht erkennen, bevor der Schmerz über uns hereinbricht mit der Wahrheit über uns selbst. Aber Jesus betet für uns, dass unser Glaube niemals aufhört. Er hält uns fest, obwohl er unser Herz kennt.

Meine Gedanken dazu:

📖 Nehemia 2,18-20
📖 Nehemia 3,35+38
📖 Nehemia 4,7-9+15
📖 Nehemia 6,3+15-16

10. Dezember

Alles, was Gott für uns bereithält, sollen wir im Glauben in Anspruch nehmen. Wenn Gott uns einen Auftrag gibt, dann öffnet er Türen sperrangelweit. Dann gilt es, mutige Schritte zu gehen: aufzustehen, Widerstand zu leisten und die zerfallenen Mauern um unsere Gesellschaft wiederaufzubauen. Es reicht nicht aus, dass wir uns innerlich erneuern – wir müssen auch unser Licht in der Welt zum Leuchten bringen. Indem wir nach Gottes Führung fragen und uns von ihm fit machen lassen, werden wir mit einer festen Überzeugung für unsere Mission und Bestimmung auch andere Menschen für unser Projekt gewinnen. Wir werden uns trotz Widerstand und Ablenkungsmanövern nicht von unserem Auftrag abbringen lassen und Gottes Möglichkeiten erleben.

Meine Gedanken dazu:

Epheser 5,1-2   **11. Dezember**

Nachahmung ist verboten – wenn wir bestehende Produkte kopieren und damit Urheberrechte verletzen. Vorbildliche Eltern, Lehrer oder Erziehungsberechtigte nachahmen ist dagegen nötig, denn ohne Nachahmen gibt es keine menschliche Reife. Das gilt auch für Kinder Gottes, egal wer und wie wir sind. Alle Christen sollen Gott und Jesus nachahmen. Das ist auch möglich, weil Jesus uns Gottes Wesen offenbart hat: seine Liebe und Opferbereitschaft, seine Freiheit und Grenzen. All dies sollen wir nachahmen, um zu wachsen und zu reifen. Wer Jesus kennt und seinem Beispiel folgt, der wird ihm immer ähnlicher – und genau das ist unsere Hauptaufgabe auf dieser Erde.

Meine Gedanken dazu:

5. Mose 10,17-19

Matthäus 25,35

Galater 3,28

Offenbarung 7,9

12. Dezember

Christen reagieren unterschiedlich auf eine multikulturelle und multireligiöse Umwelt. Manche sehen es als Bedrohung und nehmen ihr Gegenüber nicht ernst. Manche bevorzugen ihre eigene Kultur und schätzen Menschen aus anderen Kulturen nicht. Die Bibel dagegen lehrt uns, dass die Liebe Gottes die Würde eines jeden Menschen respektiert und die Beziehung zum Nächsten sucht. Das Christentum war schon immer kulturell und sprachlich vielfältig, was nicht immer problemlos war. Aber mit viel Weisheit und Liebe wurden Konflikte gelöst. Durch unsere Identität in Jesus verlieren ethnische, sprachliche, kulturelle und soziale Unterschiede ihre trennende Kraft. Fremdlinge werden zu Glaubensgeschwistern in einer Gemeinschaft, in der jeder ein Gebender und Empfangender ist.

Meine Gedanken dazu:

Klagelieder 3,1-26   *13. Dezember*

Anhaltende Traurigkeit, ständiges Jammern und Grübeln vernebeln unseren Weitblick. Wie schnell passiert es, dass wir uns von Problemen überwältigen lassen, anstatt nach Lösungen zu suchen? Wie oft lassen wir uns gefangen nehmen von unserem Alltag: Kleines wird groß, Unwichtiges wird wichtig, und Vergängliches wird entscheidend. Dabei möchte Gott unseren Blick auf seine Liebe und Treue lenken, die immer da sind und uns beflügeln – egal, was wir erleben. Wir müssen uns tagtäglich entscheiden, worauf wir unser Denken und unser Fühlen ausrichten wollen: ob wir uns von einem Problem gefangen nehmen lassen und selbst zum Problem werden oder ob wir nach vorne schauen auf Gott, der unsere Gedanken auf neue, hoffnungsvolle Ziele lenkt.

Meine Gedanken dazu:

 1. Mose 2,15   *14. Dezember*

Gott hat uns diese Erde nicht nur zum Bebauen, sondern auch zum Bewahren anvertraut. Wir alle genießen die Sonnenseiten des Fortschritts, aber sind wir auch bereit zu überprüfen, wie wir mit der Natur umgehen? Wie wir mit Plastikmüll, Kaffeebechern oder Unkrautvernichtungsmitteln umgehen, die diese Welt negativ beeinflussen? Die Frage ist: Wollen wir nicht alle lieber mehr und sinnvoll bewahren, statt dass wir unsere Erde nach eigenen Vorstellungen bebauend zerstören? Gott möchte, dass wir uns an seinen Anweisungen orientieren. Schweigen und gleichgültig unseren Wohlstand aufrechterhalten, ist nicht in seinem Sinne. Er liebt uns und seine Schöpfung. Beide will er bewahren und hat dafür klare Weisungen gegeben. Ob seine Anweisungen uns auch am Herzen liegen?

Meine Gedanken dazu:

 Markus 6,48   **15. Dezember**

Ein Schritt vor und zwei zurück! Wer kennt das nicht? Auch Christen – Menschen, die Jesus im Vertrauen als ihren Herrn und Heiland angenommen haben – werden mit Hindernissen und Gegenwind konfrontiert. Das sind Umstände, über die wir keine Kontrolle haben. Aber Gott ist mittendrin und macht uns Mut, weil er da ist. Er ist der „Ich bin!". Er ist der Gott, der die ganze Welt und uns Menschen erschaffen hat. Er ist der Gott, der Israel aus der Sklaverei befreit hat. Er ist der Gott, der ein Mensch aus Fleisch und Blut geworden ist. Er ist der Gott, der uns in Jesus in unseren Zeiten der Frustration begegnet und uns herausführt. All das tut er, während wir ihm folgen und dienen, solange wir leben.

Meine Gedanken dazu:

Jeremia 8,8-9   **16. Dezember**

1. Thessalonicher 5,20-22

Wir sollen alles prüfen! Das heißt nicht, dass wir alles ausprobieren sollen, denn das könnte durchaus gefährlich sein. Die Bibel fordert uns dazu auf, das zu prüfen, was zu prüfen ist: ob das, was uns als Gottes Wort erzählt wird, auch in der Tat biblische Lehre ist oder Menschenmeinung; ob das, was wir uns „reinziehen", durch Gottes Wort unterstützt wird oder von anderem Gedankengut stammt, welches manches in der Bibel verspottet, bestreitet oder für irrelevant hält. Auch eine fromme Verpackung garantiert nicht automatisch eine biblische Lehre! Anhand der Bibel können wir alles, was wir hören oder lesen, prüfen und uns fragen: Stimmt das Gehörte beziehungsweise Gelesene mit dem Wort Gottes überein? Dafür müssen wir die Bibel immer besser kennenlernen.

Meine Gedanken dazu:

Johannes 15,15

17. Dezember

Christen sind für Jesus nicht nur seine Anhänger oder Mitarbeiter, sondern seine Freunde. Menschen, die nicht abhängig sind von Lob und Tadel, von Lohn und Leistung. Menschen, denen er seine Anteilnahme und Aufmerksamkeit schenken möchte. Menschen, denen er nahe sein möchte. Ein Freund von Jesus zu sein, bedeutet auch, ein Freund der anderen Freunde Jesu zu sein und derer, die es noch nicht sind. Diese Freundschaft will gelebt werden. Mit Gott und mit anderen. Wie das geht, lernen wir von Jesus: Seine Freundschaft bringt Opfer, sie ist persönlich und offen. Sie investiert in das Leben anderer, sodass sie bessere Menschen werden. Wer sich auf eine Freundschaft mit Jesus einlässt, dessen Leben wird auch positive Auswirkungen auf andere haben.

Meine Gedanken dazu:

Sprüche 13,4

Sprüche 27,23-27

Sprüche 24,30-32

Bequemlichkeit kann zerstörerisch sein. Alles, was sich selbst überlassen bleibt, wird langsam, aber sicher abgleiten, sich verschlimmern oder an Wert verlieren. Wenn wir nichts gegen Trägheit, Teilnahmslosigkeit oder Selbstgefälligkeit tun, müssen wir uns von Träumen und Hoffnungsfunken verabschieden und den Verfall begrüßen. Nur weil gestern noch alles in Ordnung war, heißt das nicht, dass es morgen genauso weitergehen wird. Wir müssen auf der Hut sein, um frühe Zeichen von Verfall zu erkennen und bekämpfen. Das mag eine Gleichgültigkeit gegenüber Gottes Schöpfung, ungelöste Beziehungsprobleme oder zu wenig Zeit für das Wichtige sein. Die meisten Menschen haben mindestens einen Bereich, in dem sie Dinge unkontrolliert laufen lassen.

Meine Gedanken dazu:

1. Mose 4,1-16

19. Dezember

1. Könige 3,16-28

Wer von uns hat sich nicht schon einmal am Misserfolg eines anderen gefreut oder damit getröstet, dass es anderen auch nicht besser geht? Erst die Mischung aus dem eigenen Misserfolg und dem Erfolg der anderen lässt Ungutes bei uns aufkommen. Anstatt sich mit den anderen zu freuen, machen wir ihnen das Leben schwer, nach dem Motto: Wenn wir den Erfolg schon nicht haben können, dann sollen sie ihn auch nicht bekommen. Aber wahre Liebe setzt eine Beziehung nicht aufs Spiel und verzichtet auf Missgunst und Rache. Es ist unsere Liebe zu den Menschen, die uns zugunsten anderer verzichten lässt und die uns am Erfolg der anderen nicht zugrunde gehen lässt!

Meine Gedanken dazu:

Matthäus 28,16-20 — **20. Dezember**

Bei einem Abschied sind unsere letzten Worte sehr wichtig – besonders dann, wenn es kein Wiedersehen in nächster Zukunft geben wird. Wir suchen nach Gedanken und Worten, die wertvoll und unvergesslich sind. So ist der Missionsbefehl von Jesus an seine Jünger. Sie sollen seinen Auftrag – Menschen zu seinen Jüngern und Jüngerinnen zu machen – beherzigen und ausleben. Dieser Auftrag beinhaltet drei Dinge: Menschen von Jesus erzählen, sie taufen und sie lehren, Jesus zu folgen. Wenn wir diesen himmlischen „Marschbefehl" ernst nehmen und bereit sind, vor unsere Haustür zu gehen, dann wird Jesus mit Vollmacht dabei sein. Das sind seine letzten Worte. Jetzt sind wir gefragt. Haben Sie schon eine Idee?

Meine Gedanken dazu:

 Matthäus 26,57-68 **21. Dezember**

Philipper 2,6-11

Gott lässt sich weder einschüchtern noch aus der Ruhe bringen, bis er als Sieger überall erkannt und anerkannt wird. Jesus war von Anfang an durch seine Macht und seinen Status eine Bedrohung für die Machtmenschen seiner Zeit. Er war Gottes Sohn, der Auserwählte, der König aller Könige! Mit Jesus kam ein ganz anderes Reich. Er sagte, die Letzten werden die Ersten und die Ersten die Letzten sein. Das sollten auch die „Ersten" wahrnehmen. Dass Jesus nicht auf Spott reagierte, war kein Zeichen von Schwachheit, sondern ein Zeichen seiner Macht gegenüber denen, die so tun, als wären sie mächtig. Wenn Jesus wiederkommt, werden alle Menschen sich vor ihm beugen und ihn den siegreichen Sohn Gottes nennen. Das ist heute kaum vorstellbar – aber wahr!

Meine Gedanken dazu:

 Johannes 14,21   **22. Dezember**

Die Botschaft von Weihnachten will und wird nicht alt werden. Mitten im Weihnachtsstress ruft Jesus uns zur Nachfolge. Kompromisslos und eindringlich. Konsequente Nachfolge nicht als Zwang, sondern als Befreiung und Erleichterung vom Zwang eines Lebens in eigener Regie. Und Heiligkeit nicht als Rechthaberei, sondern als gelebter Glaube und als Dank an den, der die Liebe unseres Lebens geworden ist – Jesus!

Meine Gedanken dazu:

 Römer 15,13   **23. Dezember**

Freude und Frieden kommen von unserem Gott der Hoffnung. Auch wenn unser Leben voll von Terminen, Verpflichtungen und Herausforderungen ist, können wir zuversichtlich beten, dass Gott uns mit seiner Freude und seinem Frieden erfüllt, die wir durch unseren Glauben bekommen. Er wird uns nicht enttäuschen. Gerade dann, wenn wir meinen, dass wir an unseren Grenzen angelangt sind, ist es entscheidend, dass wir unser ganzes Vertrauen auf Gott werfen. Wir brauchen die Kraft seines Heiligen Geistes, wenn wir hoffnungsvoll bleiben wollen. Gott ist bereit, uns zu helfen, wenn wir ihn darum bitten.

Meine Gedanken dazu:

 Johannes 3,16   **24. Dezember**

Gott kam zu uns! Das ist die Botschaft der Weihnachtszeit. Gott sieht hinter jeder Person den Menschen, wie er wirklich ist, und nimmt jeden ohne Ablehnung und Vorbehalt an. Wir sind ihm so wichtig, und er möchte Licht in unsere Dunkelheit und die anderer Menschen bringen. Das können wir anderen Menschen vermitteln, ihnen vorleben und sie zu Veränderung ermutigen. Wenn wir unsere Herzen von Gott verändern lassen, können wir die Annahme, Liebe und Hilfe, die wir von Gott erfahren haben, an andere weitergeben.

Meine Gedanken dazu:

 Lukas 1,30-37   **25. Dezember**

Die Jungfrauengeburt wird von vielen Christen jeden Sonntag im Gottesdienst im Apostolischen Glaubensbekenntnis bekannt, in dem es heißt:
„Ich glaube … an Jesus Christus, geboren von der Jungfrau Maria …" Diese Empfängnis und damit Entstehung von Jesus geschah ohne die Beteiligung eines Mannes. Ein Wunder! Dieses Wunder lässt sich – wie viele andere Wundertaten Gottes – nicht mit den Möglichkeiten der Vernunft vollständig erfassen. Gott wirkt innerhalb und außerhalb der Naturgesetze. Ihm ist nichts unmöglich – auch nicht in unserem Leben.

Meine Gedanken dazu:

 Lukas 2,16   **26. Dezember**

Weihnachten ist alles andere als exklusiv. Ganz anders als erwartet, kommt Gottes langersehnter Sohn in einer ungemütlichen Notunterkunft zur Welt – in einem stinkenden Stall im langweiligen Dorf Bethlehem. Aber es ist ein Ort, an dem jeder Mensch willkommen ist und an dem jeder Mensch Jesus begegnen kann: die Würdelosen, die Kranken, die Erfolgslosen, die Versager, aber auch die Angesehenen und Erfolgsverwöhnten. Jesus hat seinerseits alle Schwellen abgebaut und wartet auf uns mit offenen Armen, um unser Leben wirklich reich zu machen.

Meine Gedanken dazu:

 Kolosser 1,24-29   **27. Dezember**

Es ist wichtig, Jesus im Weihnachtsfest zu behalten, damit das Christentum in der Öffentlichkeit Einfluss behält. Aber wichtiger ist, dass Christen Jesus in ihren Herzen behalten. Was nutzt es, wenn bei uns Jesus an Weihnachten vorkommt, wir aber nicht Christus widerspiegeln? Was nutzt es, wenn Christentum unsere Kultur durchdringt, aber Jesus nicht uns. Ohne Christus in uns werden wir uns dem Zeitgeist anpassen und die Mentalität eines getriebenen Konsumenten übernehmen. Wir werden uns mit den oberflächlichen Definitionen von Glück begnügen und die wahre Freude, die nur von Gott kommt, unterschätzen. Wenn wir ohne Zeit für die Stille und das Gebet leben, werden wir uns vielleicht Sorgen über den Einfluss einer gottlosen Gesellschaft machen, leben aber selber am wahren Leben vorbei.

Meine Gedanken dazu:

 2. Korinther 8,9   **28. Dezember**

Gott ist groß. Er ist der Allergrößte. Er ist aber auch der Allerkleinste. Obwohl er allmächtig und allwissend ist, hat er sich selbst klein gemacht, indem er in einem ohnmächtigen Kind, das weder laufen noch sprechen kann, zur Welt gekommen ist, um unser Leben zu teilen. Eine verrückte Liebeserklärung! Er bejaht unser zerbrechliches Menschenleben und wünscht sich von uns, dass auch wir unser zerbrechliches Menschenleben bejahen. Wenn wir glauben, dass Gott arm geworden ist, damit wir reich werden können, wird es bei uns „weihnachten" – auch wenn es uns nicht immer weihnachtlich zumute ist.

Meine Gedanken dazu:

Matthäus 2,10-11 **29. Dezember**

Gott ist auffindbar. Er lässt sich von uns Menschen finden. Die Nachricht von der Geburt Jesu verbreitete sich wie ein Lauffeuer. Jeder hatte es mitbekommen, auch die Sterndeuter. Sie benutzten ihr Wissen, um Jesus zu finden und ihn anzubeten. Anbetung hieß für sie, sich selbst hinzugeben: ihre Zeit, ihre Kraft, ihre Schätze und ihre Anerkennung. Wenn wir Gottes Angebot in Jesus verstanden haben, dann werden wir ihn auch anbeten. Wir werden erkennen und erfahren, was wir an Jesus haben, und werden bereit sein, ihm unsere Zeit, Kraft, Schätze und Anerkennung hinzugeben. Wir werden ein Segen in seinem Namen sein.

Meine Gedanken dazu:

 Psalm 90 — **30. Dezember**

Die 70 bis 80 Jahre Lebenszeit, von denen die Bibel spricht und von denen selbst die besten Mühe und Last sind, gehen unglaublich schnell vorbei. Was bleibt eigentlich am Ende dieser Jahre? Was bleibt übrig von dem, was wir gerade so unglaublich wichtig nehmen? Für was wollen wir am Ende eigentlich bekannt sein? Was wollen wir erreicht und wem wollen wir gedient haben? Klug und einsichtig ist derjenige, der im Herzen erkennt, was am Ende zählt, und sich dafür gezielt und entschlossen einsetzt. Er wird nichts versäumen und auch nichts bereuen. Seine Jahre werden nicht vergeblich, sondern erfüllt sein von Freude und Dank.

Meine Gedanken dazu:

 Jesaja 11,1-5   **31. Dezember**

Gott ist ein Friedensstifter. Der Friede, den er uns in Jesus gebracht hat, versöhnt uns mit ihm und mit unseren Mitmenschen. So wie Jesus als Friedensstifter in unser Leben gekommen ist, so sollen auch wir Frieden in unsere Welt hineinbringen: Gott ernst nehmen und Freude daran haben zu tun, was ihm gefällt, klug planen, was wir sagen und tun wollen, nicht nach dem Augenschein urteilen oder uns auf das Hörensagen verlassen, uns für das Gute stark machen, den Entrechteten zum Recht verhelfen und uns für die Armen und Benachteiligten einsetzen. Als Friedensstifter können wir unsere Welt Schritt für Schritt verändern.

Meine Gedanken dazu:

Doris Schulte

Jahrgang 1956, geboren und aufgewachsen in Kanada, arbeitet beim Missions- und Bildungswerk Neues Leben e.V. als Evangelistin und Referentin für Frühstückstreffen, Seminare und Freizeiten. Sie ist Buchautorin und in den Sendereihen „So lebt sich's gut", „Kawohl Augenblicke" und „Emmaus" bei Bibel TV zu sehen. Doris Schulte ist seit 1975 mit Wilfried Schulte verheiratet. Sie wohnen im Westerwald und haben zwei Söhne und fünf Enkel.

Kawohl Augenblicke

Wenn Sie noch mehr von der Autorin hören möchten, empfehlen wir Ihnen die Talk-Sendung „Kawohl Augenblicke" mit Hanno Gerwin und Doris Schulte auf Bibel-TV. Das Programm und einzelne Folgen in der Mediathek finden Sie auf **www.bibeltv.de**.

Weitere Titel von Doris Schulte

Doris Schulte
SO LEBT SICH'S
WIRKLICH GUT
*Mein Andachts-Tagebuch
für das ganze Jahr*

Ein einfaches Konzept, um hilfreiche Bibelworte nachhaltig im Leben zu verankern: Dieses interaktive Andachtsbuch lädt ein, sich jeweils eine ganze Woche mit einem von 52 Themen zu beschäftigen.

Den Auftakt bildet jeweils eine Bibelstelle, eine Ausführung zum Thema und ein Alltagstipp. Darauf folgen für 6 weitere Tage zum Wochenthema je eine Bibelstelle und ein Kurzimpuls – und eine komplette Seite zum Beschreiben. Denn das tägliche Tagebuchführen ist das Herzstück der Veränderung.

Machen Sie sich auf zu einer spannenden Reise durch ein Jahr voller Impulse, die zur Realität in Ihrem Leben werden!

448 Seiten, gebunden, 14 x 21 cm.
Bestellnummer RKW 5025

Weitere Titel von Doris Schulte

Doris Schulte
SO LEBT SICH'S
TÄGLICH GUT
62 Biblische Impulse

Doris Schulte hat aus
den ewig wahren Worten
hilfreiche Hinweise für ganz
verschiedene Lebensbereiche abgeleitet und lädt jeweils
zum Lesen einer Bibelpassage ein. Mit diesen Kärtchen
wird Ihnen die himmlische Wegweisung zur kostbaren
Gewohnheit.

62 Karten, 8,5 x 5,5 cm in Kunststoff-Klappbox
Bestellnummer RKW 1572

Weitere Titel von Doris Schulte

Doris und Wilfried Schulte
FIT FÜR DIE ENKEL
Gute Gedanken für das Miteinander von Großeltern, Eltern und Kindern

Ein Buch voller guter Anregungen, wie Omas und Opas sich mit Weisheit, Geduld und Liebe in die Familie einbringen können.
Mit vielen Kinderzitaten und Anekdoten zum Schmunzeln.

96 Seiten, gebunden, bebildert, 14 x 21 cm,
ISBN 978-3-86338-139-4

Unsere Verlagsproduktion umfasst Bücher, Kalender, Karten usw. Fragen Sie nach Kawohl-Produkten oder fordern Sie Prospekte an.

www.kawohl.de